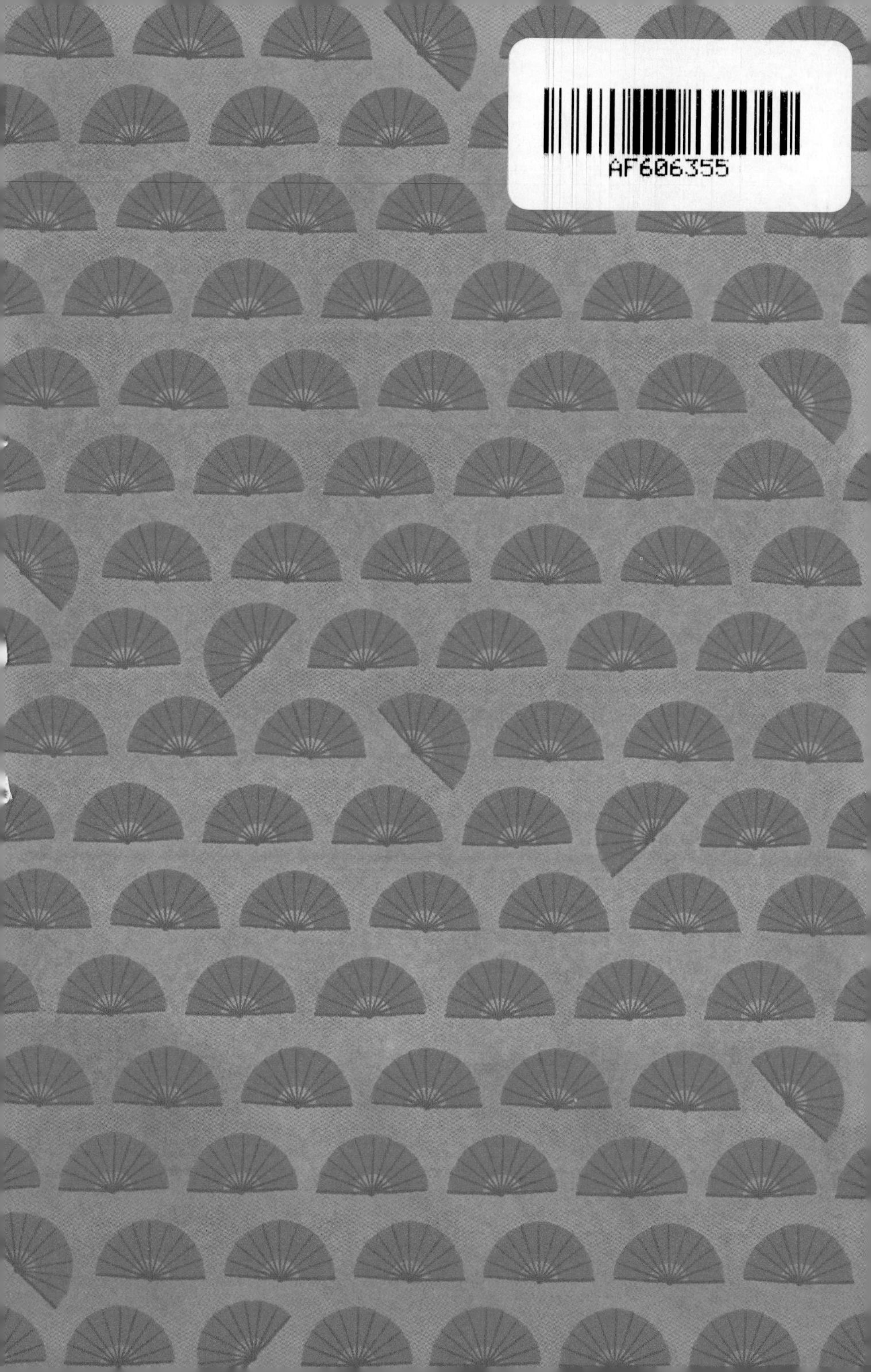
AF606355

Wen y Long

Un jurado formado por Oriol Canosa, Guillem Fargas, Anna Guitart, Paula Jarrin y Elisenda Roca otorgó el 60.º Premio Josep M. Folch y Torres de novela para chicos y chicas a esta obra, durante la Noche de Santa Lucía, el 12 de diciembre de 2023.

Wen y Long, de Lluís Prats y Cristina Bueno
Primera edición: noviembre de 2024

Perú, 186 – 08020 Barcelona
www.lagaleraeditorial.com

Directora editorial: Pema Maymó
Editora: M. Roser Macià
Diseño y dirección de arte: Cloé Porqueres
Producción: Mònica N. Irún

Impresión: Tallers gràfics Soler
ISBN: 978-84-246-7524-0
Depósito legal: B 16184-2024

PREMIO FOLCH Y TORRES 2023

Wen y Long

Lluís Prats
con ilustraciones de Cristina Bueno

laGalera

Puff era un dragón mágico
que vivía en el fondo del mar,
pero solo se aburría mucho
y salía a jugar.

Había un niño pequeño
que le quería mucho;
se encontraban en la playa
y jugaban de sol a sol.

Los dos prepararon
un viaje muy largo:
querían ver mundo
y atravesar el mar.

Cuando había tormenta,
se apañaban muy bien:
subiéndose a la cola de Puff,
vigilaba el viento.

Nobles, reyes y príncipes
se inclinaban a su paso,
y cuando Puff les pegó un grito,
los piratas callaron.

Los dragones viven siempre,
pero los niños se hacen mayores,
y conoció otros juegos por el mundo,
que le gustaron mucho.

Una noche muy gris y triste
el niño le abandonó
y los gritos de alegría de aquel dragón
se acabaron.

Doblando su largo cuello,
el dragón se alejó.
Parecía que estaba lloviendo
cuando se puso a llorar.

A solas, muy triste y apenado,
el dragón se alejó,
y poco a poco, muy lentamente,
se volvió al fondo del mar.

Versión castellana de la canción de *Peter, Paul & Mary* (1963)
basada en el poema de Leonard Lipton y Peter Yarrow.

Wen y Long

¿Me preguntas por qué vivo
en estas colinas verde jade?
Yo sonrío.
No tengo palabras para expresar
la paz de mi corazón.

1

Donde explico cómo encontré a Long en la orilla de un riachuelo, de cómo él encontró a Wen en aquel mismo lugar y de las cosas increíbles que descubrí...

Hace muchos, muchos años, antes de que nacieran los tatarabuelos de tus bisabuelos, el mundo no era como lo conocemos. Entonces aún existía mucha magia, había miles de cosas por descubrir y casi todo era posible. Esta historia sucedió en la China de aquellos tiempos.

Todo empezó una mañana luminosa del mes de Huáiyuè, el mes de las flores. El sol brillaba en un cielo limpio de nubes, los arrozales chispeaban como diamantes y los ruiseñores trinaban desde los almendros en flor. ¿Verdad que sería bonito empezar así? Pues no. No es necesario mentir.

La mañana que vi a Long por primera vez era un día miserable del mes de Yángyuè. El cielo estaba lleno de nubarrones negros de tormenta porque acababa de llover a cántaros.

Le encontré cerca del humilde pueblecito de Yang. Estaba echado sobre un charco, rodeado de bambús largos y resplandecientes como las lanzas de los soldados del emperador Kangxi.

Ya en aquella época Long era muy grande y barrigudo. Su larga cola se hundía en la poza que tenía al lado. No había que ser demasiado listo para percatarse de que era un dragón milenario.

En ese momento se limpiaba el lodo pegajoso que le cubría a lametones, ya que estaba embarrado de arriba abajo. Por sus patas surgía el verde de la hierba y de su panza emergían los amarillos y naranjas más extraordinarios; parecía que por su piel agrietada corrieran ríos de fuego. Era una preciosidad y, a la vez, una criatura terrible, ya que tenía la cabeza coronada con unos cuernos.

Sin embargo, lo que más me llamó atención no fueron los largos colmillos de dos palmos que sobresalían de su boca, sino que gemía con tristeza y arañaba las rocas con sus garras. Yo lo observaba atónita: un dragón tan largo como uno de los sampanes que atraviesan el Río Amarillo lloraba como un niño pequeño que ha perdido un juguete.

De repente otro sonido se mezcló con el silencio del bosque y el goteo de la lluvia que caía de las hojas. Eran otros gemidos, y no provenían de muy lejos. La bestia abrió sus preciosos ojos verde esmeralda. Se alzó bruscamente, clavó las pezuñas en las rocas y atravesó las aguas tenebrosas del riachuelo. Al verle bambolearse majestuoso, una rana que croaba subida a un tronco se escondió entre unos nenúfares.

El dragón llegó a los pies de un gran arce y allí descubrió el bulto del que provenían los gimoteos. Deshizo los harapos con una garra y unas manitas blancas como la harina salieron disparadas al instante hacia su hocico.

En el interior del hatillo descubrió a una niña envuelta en unas telas sucias y enlodadas. En su cabecita crecía un mechón de cabellos oscuros y en su carita brillaban dos ojos almendrados, oscuros como el mar durante las noches de tormenta.

A continuación, el animal miró con malicia a derecha e izquierda y escuchó atento, pero solo se oían los gemidos de la bebé.

—Mmm... Long... —se dijo—. Parece que hoy es tu día de suerte...

A mí se me heló la sangre. ¿Sería capaz aquella bestia de zampársela allí mismo? Sin embargo, a continuación hizo algo que me desconcertó por completo: acarició la mejilla de la niña con una uña y ella dejó de gemir; lo había hecho con la delicadeza de una abeja posándose sobre una fragante peonía.

Entonces ya no pude más y le interrumpí:

—¡Ejem! Perdona...

El dragón se sobresaltó. Volteó su cabezota hacia todas partes, pero obviamente no vio a nadie entre los bambús ni junto al arce.

—¿Quién habla? —bramó arañando las rocas con sus garras—. ¿Eres uno de los dioses?

Se había puesto en guardia para proteger a la niña con su corpachón, listo para atacar en cualquier momento. En lo más hondo de sus fauces emergían los naranjas del fuego que dormitaba en su barriga.

Antes de que me lanzara una terrible llamarada que me chamuscara de arriba abajo me apresuré a decir:

—¡No, no soy unos de los dioses! No llego a tanto. Y no te asustes. Solo soy quien escribe tu historia.

Aquello le pilló por sorpresa.

—¿Quien escribe mi qué...? —replicó.

—Sí, es difícil de explicar, pero escucha, Long...

—¿Y cómo rayos sabes mi nombre?

—Llevo un rato observándote y te he oído...

—Ah...

Aquello pareció serenarle, pero entrecerró los ojos por si conseguía verme. No sé si lo consiguió, porque a pesar de los poderes mágicos de los dragones, no era fácil. Yo todavía era pequeña, muy pequeña…

—¿Puedo saber por qué llorabas hace un rato?

—Yo no lloraba —me respondió escurriendo el bulto.

—¡Claro que sí! Te he oído.

—No me marees. Te lo explicaré otro día, ahora estoy muy ocupado.

—Ya lo veo… ¿Qué harás con la niña? —le pregunté, preocupada.

Él se rio, socarrón.

—¿Qué quieres que haga? ¿Que me la coma? ¿Que la abandone y la encuentre alguna bestia que no tenga piedad de ella? Eso no le pasará a esta preciosidad que balbucea bajo mis patas. Me la llevaré conmigo, ¿qué si no?

Y hete aquí que no añadió nada más. Miró a ambos lados, y al ver que seguía solo en aquel lugar, porque en Yang todo el mundo dormía, agarró el pequeño hatillo delicadamente con sus garras afiladas, extendió sus alas de sopetón y las batió poderosamente, salpicándolo todo de barro y agua. Luego, de un salto, subió al cielo tenebroso.

Eso era lo último que me esperaba y le grité:

—¡Eh, espérame!

—Si me has encontrado, sabrás seguirme, espero...

No tuvo que repetírmelo dos veces, batí mis alas y le seguí, ¡por supuesto que le seguí! Una no se encuentra todos los días con un dragón que se lleva a una niña de un año volando por el cielo.

Un segundo más tarde nos habíamos alejado de aquel villorrio donde, vete a saber por qué, alguien había abandonado a una bebé preciosa junto a unos bambús.

La tierra olía intensamente a hierba mojada y Long volaba como una flecha de fuego atravesando los nubarrones negros. Brillaba como el hierro recién sacado de la fragua y se le veía muy pero que muy contento.

¡Qué maravilla la flor del melocotón
arrastrada por la corriente del río!
Aquí vivo en otro reino
más allá del mundo de los hombres.

2

Donde explico brevemente cómo Wen creció y cómo ella y Long viajaron durante años para conocer el mundo, los piratas y las nubes...

Aquella triste mañana del mes de Yángyuè, Long se llevó a la niña a una alta montaña de nieves perpetuas donde, por un conjuro extraordinario, crecían árboles frutales. Había una gran cueva en su base y por un lateral bajaba un torrente de agua que se embalsaba en un pilón de grandes piedras grises. Long aterrizó sobre uno de los caminitos que cruzaban aquel mágico lugar, tapizado por hojas que parecían las flechas de bronce de los arqueros del emperador Kangxi. Depositó a la niña encima del musgo y la observó pensativo.

—¡Claro! —se dijo—. Un nombre... Necesitas un nombre.

Cerró los ojos y pensó intensamente como solo hacen los dragones.

—¿Lian? —murmuró—. No. ¿Mei? Tampoco. Necesitas un nombre bello y esmerado.

—¿Y si la llamas Hortensia? —le sugerí—. A mí me parece un nombre precioso...

—¡Ah! Estás aquí... —Long chasqueó los colmillos—. ¿Hortensia dices?... Qué mal gusto tienes... ¿Cómo quieres que la llame Hortensia?

—Es un nombre de flor... —me justifiqué.

—Sí, y Ortiga también... —gruñó—. Pero a esta preciosidad no le pondré ni uno ni otro.

De repente sus ojos se iluminaron y exclamó:

—¡Ya lo tengo! ¡Wen! Se llamará Wen. Le sentará como anillo al dedo, porque será una niña culta y refinada, como su nombre.

—Pues Wen... —dije yo un poco decepcionada por que mi propuesta no hubiera tenido éxito.

¿Qué puede explicarse de la vida de un dragón y de una bebé de un año? ¿Qué hizo el dragón durante los meses siguientes? Lo que todas las buenas madres y padres del mundo hacen por sus recién nacidos: alimentarla, vestirla, acariciarla, reírle, enseñarle a hablar, a andar...

Le enseñó las primeras letras y las primeras canciones, los números, a peinarse sus preciosos cabellos negros como una noche de luna llena, y fabricó para ella un bonito peine de carey. Le enseñó a andar como una princesa y a cantar como un ruiseñor de alas doradas.

Y un día Wen empezó a hablar.

De hecho, una vez comenzó, ya no callaba. Era como si cada noche Long le diera cuerda, y ella preguntaba por los nombres de los árboles, de los pájaros y de los otros animales.

Quería saber de dónde venía el agua y qué clase de nubes bailan por el cielo, y mil cosas más. El dragón la instruía para que conociera los nombres de las montañas y de los ríos, y a Wen todo le parecía bien. Por la noche, agotados de tanto jugar, se acurrucaban uno junto al otro y se dormían bajo un manto de estrellas que les observaban y sonreían.

Y hete aquí que yo iba a verles de vez en cuando y siempre les veía contentos. Unos días Wen hablaba con las abejas y entrecerraba los ojos, porque a contraluz parecían polvillo de oro. Ellas danzaban sobre la retama y con su zum-zum componían una sinfonía preciosa.

Otros días charlaba con los almendros y los cerezos. Cuando se cansaba, Long la hacía trepar a su grupa y la llevaba a dar una vuelta para que conociera el mundo.

Así Wen se hizo mayor y, junto a Long, cruzaron los mares, ella montada a horcajadas encima del dragón. El viento le silbaba en las orejas y la hacía llorar.

—¡Yuuu! —gritaba.

Los dos viajaron arriba y abajo y la niña aprendió a distinguir las cosas importantes de la vida: si las nubes eran negras y de tormenta o blancas e inofensivas; si un campo estaba labrado o si ya crecía el arroz, como un mar verde y exuberante.

Juntos vieron a los piratas del mar de China, cerca de Hong Kong. Cruzaron desiertos de tierras agrietadas y surcaron las aguas de los cuatro ríos. También llegaron hasta las cimas de las montañas del Himalaya y se echaron sobre las arenas infinitas del desierto para observar las caravanas: serpientes de colores que viajaban hacia Samarcanda cargadas de esperanzas y de riquezas, de sedas, de libros forrados de oro, de azufre, de vainilla o de pimienta negra y roja. Y cada noche de año nuevo admiraban los fuegos artificiales desde los tejados de las pagodas.

Wen aprendió a reconocer el ladrido de los perros, el bramido de los bueyes y el relincho de los caballos. Pero lo que a ella le gustaba de verdad eran los pájaros, especialmente los ruiseñores de alas delica-

das como liras de oro y piedras preciosas, que cantaban como los artistas de la ópera de Zimzu.

Long no solo le había explicado lo que tenía que conocer sobre la naturaleza. También le había enseñado que antes de ser un dragón, había que sufrir como una hormiga. O que siempre hay que preguntar a los hombres con experiencia y no a los que solo tienen estudios. También le había explicado que los caminos bonitos no llevan lejos y que quien mueve la montaña entera es el que ha empezado moviendo pequeñas piedras.

Muchos atardeceres yacían agotados de recorrer el mundo y sobre ellos el cielo se encendía como una hoguera de proporciones extraordinarias. Hasta donde llegaba la vista era un espectáculo digno de una ópera china. El sol incendiaba los bosques y los tejados de las pagodas, curvos como las alas de un ruiseñor.

Para dormir, Wen se acurrucaba contra el corpachón de Long y él la abrigaba con la cola. A veces lo hacían subidos a un sauce o en la cima de una montaña nevada. Juntos observaban las estrellas danzar por el cielo o a las cigüeñas que pasaban por encima de sus cabezas y los saludaban con chillidos agudos.

Y aquellos atardeceres Wen y Long soñaban con nuevos viajes y nuevas aventuras.

Long había tenido mucha suerte con ella, porque si un día se levantaba con el pie izquierdo, Wen iba a buscarlo con las manos cargadas de fresas o de bayas que dulcificaban su carácter.

Y hete aquí que la siguiente vez que les vi fue un atardecer cálido de primavera. Estábamos a mitad del mes de Héyuè y las flores de loto se abrían en todos los valles. Era un gozo saltar de un pétalo rosado a otro y oler aquel perfume agradable y embriagador. ¡Qué bien lo pasaba!

Una brisa tibia bajaba de los picos del Jiuzhaigou e invitaba a caminar, pero los encontré sentados sobre unas grandes rocas. A los pies, muy abajo, brillaba un riachuelo que parecía hecho de plata pura. Por aquel entonces Wen tendría cinco o seis años y había crecido en belleza e inteligencia. Yo la observaba desde un loto blanco que crecía cerca del lago. Wen trenzaba coronas de flores con las que adornaba la cabeza del dragón. Lo hacía en silencio, hasta que de repente le preguntó algo que me hizo aguzar el oído:

—¿De dónde venís los dragones? —dijo.

Long suspiró.

Era un dragón muy viejo y aquellos recuerdos se difuminaban en su mente. Yo batí las alas y me subí a una de las flores de la corona que embellecían su cabezota.

—Venga... No te hagas de rogar —le dije.

—Nuestra historia es un poco triste —suspiró él—, pero por lo que recuerdo fue de la siguiente manera: hace muchos, muchos, años cuando solo había agua en el mar, en el mundo vivíamos cinco dragones. La leyenda dice que eran cuatro: el gran dragón, el dragón amarillo, el dragón negro y el dragón perlado, pero eso es porque no me contaban a mí, a Long, el dragón de fuego.

—Pobrecito, no te contaron... —sonrió Wen acariciándole la mejilla con un dedo.

—¿Verdad que doy un poco de pena?

—Mucha, pobrecito...

—El sol lo abrasaba todo —continuó Long— y los campos estaban agrietados y sedientos. Una mañana vimos a una anciana de cabellos blancos arrodillada sobre la tierra. En los brazos cargaba un niño y rezaba al dios del cielo que les enviara agua para las cosechas porque sus nietos morían de hambre.

»Los cinco nos miramos y no fue necesario que nos dijéramos nada. Fuimos a suplicar al Emperador de Jade, que vivía en los cielos. Nos prostramos ante su magnífica presencia y le rogamos que agitara las nubes y diera de beber a la tierra, pero al vernos con aquellas prisas y exigencias, el emperador se enfadó. Al oír nuestra petición asintió, pero los días pasaron y del cielo no caía ni una gota de agua.

»La gente comía raíces y barro y se moría de sed. Entonces entendimos que el emperador jamás les ayudaría y tramamos un plan. El gran dragón dijo que sabía cómo empujar agua desde el mar hacia el cielo para llenar las nubes. El inconveniente era que si el emperador se enteraba, tendríamos problemas. Aquello no nos echó para atrás porque a los cinco nos pareció muy sensato. Aquella misma tarde llenamos las bocas de agua y las abrimos entre las nubes. Íbamos y volvíamos tan rápido que el cielo se tiñó de gris y empezó a llover. En pocos días los campos estaban verdes y lozanos, y nosotros todavía más. Pero hete aquí que el dios del mar nos delató y el emperador se enfureció muchísimo.

Wen abrió los ojos preocupada y preguntó:

—¿Y qué pasó, Long?

—Pues que sus guardias nos encerraron en una mazmorra. La sentencia fue terrible: el dios de las cordilleras sepultó a mis cuatro hermanos debajo de cuatro montañas, pero al no encontrar una quinta, a mí me ordenó que regresara a la tierra para cuidar de aquellos a quienes habíamos intentado salvar.

»Como los dragones somos mágicos, mis hermanos decidieron salir de las montañas convertidos en ríos sinuosos para ayudar a la gente. Así nacieron los cuatro grandes ríos que cruzan los valles de China: el Heilongjiang, el dragón negro, al norte; el Huanghe, el dragón amarillo, en el centro del país; el Changjiang, el gran dragón en el sur; y el Zhujiang, el dragón perlado, aún más al sur. Yo fui el único que se quedó en la tierra para cumplir aquel castigo que duraría toda la eternidad.

Wen se quedó maravillada al escuchar una historia tan preciosa, pero entonces le preguntó algo que nos dejó helados:

—¿Todos los niños tenemos un dragón, Long?

Él se aclaró la garganta, nervioso, y respondió:

—No, todos no... Solo los más afortunados.

Por suerte a Wen no le interesó por qué caramba ella vivía con un dragón gigantesco en la cima de una montaña nevada, y como era ya muy tarde, Long la llevó a dormir.

—Hasta mañana —bostezó Wen.

—Hasta mañana, preciosa —le respondió él.

Yo observé cómo Wen conciliaba el sueño en su cama de hojas secas de castaño. Aquella niña había tenido mucha suerte. Uno no encuentra cada día a un dragón mágico que cuide de los niños abandonados, pero también pensé que en algún momento empezaría a hacerse preguntas como la que había hecho aquella noche y el dragón se vería obligado a responderlas.

—Long... —le dije cuando se echaba a dormir junto a Wen.

—¿Mmm?

—¿Qué harás cuando la niña sea mayor? Ahora ya tiene cinco años...

—Seis —me corrigió.

—Quiero decir que el tiempo pasa rápido y llegará un día que...

—Tengo sueño, señora escritora...

Por la cara que puso me pareció que no tenía ganas de hablar de aquello y se giró hacia la boca de la cueva para conciliar el sueño.

El tercer mes, y las flores del melocotonero
flotan sobre las olas del río.
La corriente rehace sus viejas huellas,
y de madrugada inunda las orillas de la playa.
El verde esmeralda resplandece entre las ramas,
mientras tanto reparo los utensilios
y dejo caer al agua un cebo perfumado.

3

Donde explico cómo Wen se hace mayor y empieza a hacer preguntas difíciles de responder, y de cómo un día a Long le dio un terrible dolor de barriga...

El mundo giró muchas veces alrededor del sol. Las nubes danzaron por el cielo durante muchas estaciones y el agua de los grandes ríos llegó al mar y regresó a las montañas nevadas.

La próxima vez que los vi Wen tendría once o doce años y se había convertido en una chica alta y espigada como una flor de loto. Los encontré no muy lejos de su gran montaña, volando por el cielo. Pasaron por mi costado como una flecha y me quedé embobada observando cómo Wen, sentada a horcajadas, conducía a Long con las rodillas. Subían y bajaban por los cielos y la verdad es que era una cosa muy bonita de ver.

En cuanto aterrizaron, Wen fue a peinarse junto al lago y me acerqué al dragón.

—¿Long? —le dije.

—¡Ah! Eres tú otra vez... Hacía tiempo que no sabíamos nada de ti...

—Sí, he estado un pelín atareada.

—¿Escribiendo?

—Psé...

Él tenía los ojos clavados en Wen, que se remojaba los cabellos en el lago y se los peinaba reflejándose en su superficie brillante como un espejo.

—Solo verla así me da una paz y un motivo para vivir —me dijo.

—Sí, los niños tienen esa virtud... —dije.

Pero además de llenar los corazones, los niños también tienen la costumbre de crecer, y un día Wen empezó a hacer preguntas muy complicadas de responder.

La cosa fue de la siguiente manera. Un mañana como tantas otras, Long y Wen salieron a dar una vuelta. Había nevado y los campos estaban tapizados de nieve. Brillaban tan intensamente con la luz azulada de aquel día de invierno que parecían diamantes.

—¡Qué país tan hermoso tenemos! —exclamó el dragón—. ¡A ver si aprendemos a conservarlo!

Entonces, bajo la panza del dragón, aparecieron un hombre y una mujer vestidos con harapos. Los dos tiraban de un carro cargado de herramientas del campo. Detrás de ellos corrían dos niños pequeños. Cada pocos pasos se agachaban, confeccionaban una bola de nieve con las manos y se la tiraban chillando. Wen se inclinó hasta tocar con los labios la oreja de Long y le preguntó:

—¿Qué es aquello?

—Eso es una familia —le respondió—: un padre, una madre y dos hijos.

Wen se quedó tan impactada que no podía quitarles los ojos de encima. Entonces el campesino agarró a su hijo pequeño y lo revolcó por un montón de nieve blanca como unas sábanas recién lavadas.

—¡Lo matará! —exclamó Wen.

—¡No! ¡Ja, ja, ja! —rio Long—. Solo está jugando con él.

—¿Eso es lo que hacen los padres?

—Más o menos... Entre otras cosas.

—¡Ah! ¿Y qué más hacen?

—Sobre todo estorban... O eso dicen a menudo algunas madres —sonrió él malicioso.

—¿Por qué?

—¡Era un chiste, Wen! O quizás no...

—Ah... ¿Y las madres? ¿Qué hacen?

—¡Ah! Las madres... —recapacitó Long—. Las madres sobre todo dan, Wen. Eso es lo que mejor hacen.

—¿Por qué?

—Porque aman mucho.

—¿Y qué dan?

—¿Las madres...? —titubeó el dragón—. Las madres lo dan todo...

Wen observó cómo los cuatro reemprendían el camino hacia una pequeña aldea que quedaba a un *li*[1] de distancia. Se quedó pensativa durante un buen rato y después le hizo la misma pregunta que le había hecho cinco años atrás:

—Ah... ¿Y yo? ¿Yo no tengo padres? ¿Yo tengo un dragón? ¿Todos los niños vivimos con un dragón como tú?

—No, todos no —le respondió Long haciendo de tripas corazón—. Solo los que tienen mucha suerte.

Wen lo había preguntado sin malicia, pero a Long le quemaban las entrañas. Tanto él como yo sabíamos que aquel día llegaría, porque Wen no se detuvo aquí, sino que inmediatamente le preguntó:

—¿Y yo? ¿De dónde vengo?

Long no supo qué responderle y yo me quedé helada. ¿Cómo iba a explicarle que la encontró abandona-

[1] Un *li* equivale a 500 metros.

da un día gris del mes de Yángyuè junto al riachuelo del miserable pueblecito de Yang? Aquella era una cosa que ni Long ni yo no podríamos entender nunca. ¿Es que no le habían visto los ojos? ¿La boca? ¿La naricita? ¿Había algún mal en aquella niña? Ninguno.

Aquella noche, mientras ella dormía pegada a la barriga del dragón, me volví hacia él y le susurré:

—Entonces, ¿qué?

—¿Qué de qué? —bostezó.

—¡A ver! —le advertí—. Estás escurriendo el bulto.

—¿Qué quieres decir?

—Esta mañana, mientras volábamos, no has respondido a la pregunta que te ha hecho... ¿No quieres contarle la verdad?

—Ya... —suspiró él mirando hacia las estrellas—. A veces la verdad duele mucho, y mejor que se lo ahorre.

—¿Tú, Long, conoces la verdad?

—Claro que la conozco —dijo él—. ¿Recuerdas aquella primera mañana que nos encontramos junto al riachuelo?

—Sí.

—Pues los padres de Wen, unos campesinos muy pobres, sencillos e ignorantes, no la podían mantener.

Por eso la abandonaron confiando que alguien se la llevaría o muriera en el bosque como tantos otros...

—¡Demonios!

—¿Eso quieres que le explique?

—No... Quizás sería mejor que le contaras por qué te encargas de ella. Hagamos una cosa —le dije pensando a toda prisa—. ¿Y si te inventas su historia? ¿Y si le cuentas una mentirijilla inocente? Una de esas que nos inventamos para no herir. Algo que a ella le guste.

Lo confieso, recomendé a Long que le mintiera. Unos días después, una noche de luna llena, estábamos sentados alrededor de una hoguera de la que subían al cielo miles de chispitas como luciérnagas. Entonces Wen le repitió la pregunta acerca de su origen y Long carraspeó:

—¿De verdad quieres saber de dónde vienes?

—Sí —dijo ella alzando la barbilla para mirarle fijamente a los ojos.

—Muy bien... Pues mira, once años atrás yo volaba por los caminos polvorientos de la región de Yang. De repente vi un carro que avanzaba velozmente debajo de mi barriguita...

Wen había cerrado los ojos para escuchar la historia, pero los abrió de repente y estalló en carcajadas.

—¿Barriguita? —le interrumpió—. Querrás decir barrigota, ¿no?

—Mentira —replicó Long ofendido—. Yo en aquella época estaba muy delgado. Delgadísimo, como ahora...

—Seguro... —se rio ella—. Barriguita dice....

Long la miró muy serio y replicó:

—¿Quién explica la historia, tú o yo?

—Tú...

—Pues bien... —continuó el dragón—. El carro iba muy rápido y de sus ruedas se levantaban grandes nubes de polvo. Lo conducía una chica guapísima y se veía a la legua que escapaba de algo...

—¿Era mi madre?

—Eso mismo, hija. Detrás de ella galopaba un jinete. Un caballero alto, bien proporcionado y también muy guapote...

—Mi padre, seguro... —le interrumpió ella con los ojos brillantes por la emoción.

—Exacto. El caso es que les perseguían cinco bandidos con la cara cubierta por unos pañuelos más negros que su alma. Los cinco blandían unas largas espadas curvas y afiladas. Después de galopar más de dos *lis*, y cuando parecía que podían escabullirse, ¡ay!

El carro resbaló en el barro y la chica perdió el control. El jinete, valiente como era...

—Saltó encima de los caballos para agarrar las bridas, ¿verdad? —le interrumpió de nuevo Wen.

—Sí, pero los bandidos se les echaron encima. Aquellos rufianes se apoderaron finalmente del carro y les... —Long se detuvo pensativo—. Bueno, esta parte te la ahorro, porque es muy fea y triste...

—Ya imagino. Pobrecitos...

—Yo bajé en picado y te defendí de los siete bandidos, que discutían en qué mercado de esclavos iban a venderte.

Wen se quedó pensativa durante unos instantes. Después levantó los ojos hacia el dragón, que por dentro se repetía «que se lo crea, que se lo crea».

—¿No has dicho antes que eran cinco bandidos? —le preguntó desconcertada—. ¿En qué quedamos?

—¿Cinco he dicho? —Long se percató de que la había pifiado y tosió nervioso—. Quizás haya contado mal, preciosa... Tampoco vamos a discutir por uno o dos bandidos de más o de menos, ¿no crees? Además, los achicharré a todos...

Aquella noche Wen se durmió soñando en una princesa y en un caballero que la salvaban, y Long se cuidó de que nada perturbara aquel magnífico sueño. A la mañana siguiente se despertó de muy buen humor, y mientras se aseaba para ir a dar una vuelta, Long me llamó:

—¡Pst! ¿Lo hice bien ayer?

—Sí, muy bien.

Sin embargo, después de desayunar, Wen se le acercó, y antes de preguntarle como cada mañana qué visitarían aquel día, le cogió por el hocico y le miró fijamente a los ojos.

—¿Verdad que los dragones sois muy, pero que muy mágicos? —le preguntó.

—Psé...

—Y tenéis poderes...

—Psé... —repitió Long, temeroso de lo que le pediría a continuación.

—¿Tú qué puedes hacer?

—Un poco de todo y lo que convenga en cada momento...

—Pues, Long... Yo también quiero una familia. ¿La encontrarás para mí?

Long sintió cómo un puñal afilado se le clavaba entre las costillas.

—Pues claro... —dijo él con la boca pequeña.

—¿Me lo prometes?

—Te lo prometo.

Long sabía que si lo prometía, tendría que hacerlo, porque ya se sabe que un corazón sincero, puro y limpio, hace que los deseos se conviertan en realidad. Por eso pasó casi todo aquel día observando a Wen, que estuvo junto al riachuelo de aguas esmeraldas fabricando una barquita con bambús. Su cabecita redonda como un melocotón era de cabellos negros y vestía una túnica azul celeste. Hacía honor al nombre que le había dado, porque era culta y delicada, y por qué no decirlo, preciosa. Además, sonreía feliz porque Long le había prometido que muy pronto le encontraría una familia.

Tanto él como yo sabíamos que no existen dos familias iguales, que en todas partes cuecen habas, pero si se lo había prometido, había que empezar el largo viaje para encontrarle la más adecuada.

Divididos en hileras, juntos,
los árboles bonitos
y sus sombras invertidas,
que se hunden en las olas.
En los fosos del palacio
no hay imitación posible:
el viento primaveral aumenta la pena
de nuestra despedida.

4

En el que Long empieza a buscar una familia para Wen y viajan a la Ciudad Prohibida de Pequín, donde conocen a las hijas del emperador y a los miembros de su corte...

Y hete aquí que durante las semanas siguientes Wen insistió a Long para que empezara a buscarle la familia que le encajara mejor.

Ya estuviéramos en la cima nevada de una montaña o bañándonos cerca del Río Amarillo, le insistía que tenía que encontrarle una. Él sonreía, pero yo estaba convencida de que cada vez que la escuchaba se le revolvían las entrañas.

Una tarde que Wen se había alejado de nosotros para recoger unos melocotones, le dije al dragón:

—Ya va siendo hora de que cumplas tu promesa.

Él refunfuñó algo incomprensible y yo sospeché que se hacía el remolón, porque le incomodaba iniciar la búsqueda. Por eso unas mañanas después me sorprendió mucho cuando al despertarse anunció:

—Muy bien. Hoy iremos a buscarte una familia.

Yo le miré incrédulo, pero los ojos de Wen, redondos y azules como el mar una noche de tormenta, se iluminaron. Se le echó al cuello y le llenó de besos.

—¿De verdad? —dijo entusiasmada.

—Sí. Empezaremos por arriba, por la familia imperial.

—¡Vaya! —exclamé asombrado—. Eso sí que es empezar fuerte.

—Iremos al ombligo del mundo —continuó él sin prestarme atención—, a la Ciudad Prohibida de Pequín...

—¿Pro... Prohibida? —se alarmó Wen.

—Sí —dijo solemne Long—. La llaman así porque si entras por sus puertas, te cortan el cuello.

—Pero...

—No. No te preocupes —la tranquilizó el dragón—. No entraremos por sus puertas. Lo veremos todo desde los tejados de los palacios. Hay miles. Iremos a conocer a Gong y a Xiao, las hijas del emperador. Son un poco mayores que tú, pero quizás te gustarán.

El vuelo fue largo, pero valió la pena porque atravesamos un buen trecho del país. Estábamos en pleno mes de Júyuè y el otoño había pintado los bosques de los colores del melocotón: rojos, naranjas y amarillos.

Sobre las doce del mediodía Long planeó sobre el recinto imperial. Estaba rodeado por una alta muralla y custodiado por centenares de guardias revestidos con armaduras doradas y lanzas altas como bambús. Aterrizó encima de uno de sus largos tejados en forma de pagoda, cuyos aleros estaban rematados con esculturitas de cerámica que representaban diferentes animales.

Desde arriba se tenía una buena visión del precioso jardín que se extendía hasta el infinito y terminaba donde empezaban las primeras casitas de la ciudad. Todas las puertas de los pabellones eran doradas y sus ventanas estaban protegidas por preciosas cortinas de colores.

En aquellos momentos unos sirvientes barrían las flores rosadas de almendros y cerezos que alfombraban los caminitos de aquel jardín salido de un sueño.

Enseguida oímos un gong lejano y se abrieron unas grandes puertas decoradas con figuras de dragones y guerreros. Por ellas apareció una solemne procesión que avanzó por uno de los senderos recién barridos.

—Es la emperatriz Yu en persona —susurró Long.

Protegida por sombrillas brillantes, en el centro de la procesión avanzaba una mujer que contemplaba el jardín aburrida. Iba ataviada con un vestido de seda blanca donde revoloteaban incontables pájaros bordados en hilo de oro y perlas.

Los sirvientes se inclinaban a su paso con los ojos clavados en el suelo mientras sus labios pronunciaban los mil nombres de la emperatriz:

—¡Qué aspecto tiene su alteza serenísima esta mañana! —exclamó una de las sirvientas—. ¡Es más bonita que una perla del mar de China!

—¡Es la nobilísima! —exclamó otra gritando más que la primera—. ¡La nunca suficientemente exaltada! ¡Ante la que todos los hombres se arrodillan!

—¡Hemos de besar donde pisan sus pies! —se desgañitó una tercera—. ¡Porque de su boca brotan riquezas incontables!

La emperatriz Yu avanzaba parsimoniosa sin rebajarse a mirar a las cortesanas que la alababan, como si eso fuera el pan de cada día.

Un minuto más tarde su comitiva entró por las puertas doradas del pabellón que teníamos enfrente y desapareció.

—Qué mujer más seca —murmuró Wen.

—Es lo que tiene ser la emperatriz de China. Se lo terminan creyendo...

En el momento en que el último de sus cortesanos desapareció detrás de las puertas, escuchamos el repiqueteo de unas campanillas que anunciaban otro desfile. Los esclavos se apresuraron a barrer el suelo para que el polvo no ensuciara los zapatos de la nueva comitiva. Para conseguirlo tenían que suplicar a los pavos reales imperiales que tuvieran la amabilidad de apartarse.

Poco después, por el fondo del jardín aparecieron dos figuras femeninas seguidas de otra pequeña procesión. El grupito también se protegía del sol con preciosas sombrillas que teñían el cielo de colores. Aquellos parasoles tenían la misión de evitar que un rayo oscureciera la piel de las princesas y parecieran vulgares campesinas.

—Son Gong y Xiao —murmuró Long—. Las hijas de los emperadores.

Gong avanzaba la primera. Calzaba unos zapatos forrados de seda dorada. La otra chica, Xiao, iba detrás de ella. Era un poco más bajita, pero más bonita, y caminaba tan ligera que parecía danzar por el caminito.

Las dos llevaban la cara espolvoreada con talco blanco y los labios pintados de un rojo muy intenso.

Sus cabezas estaban adornadas con caprichosos peinados y trenzas con flores de cerezo y de almendro: rojas, rosadas y blancas. Parecía que sus peluqueras habían competido para hacer de cada una de ellas un monumento a la belleza. La ceremonia de prepararlas había empezado tres horas antes y la tortura

había terminado en el momento en que la emperatriz lo había aprobado con un gesto de la mano. Entonces las habían autorizado a salir para dar una vuelta acompañadas de guardias armados y de su corte de sirvientes y damiselas que se deshacían en cumplidos y alabanzas.

Había que fijarse mucho para percatarse de que eran muchachas de verdad y no una pintura del maestro Cao Buxing o una escultura de marfil del maestro Cao Zhibai. De hecho, se comportaban como dos estatuas, porque no dejaban entrever ningún agradecimiento por las alabanzas con que las colmaban.

El camino que seguían estaba salpicado de sauces y magnolios de flores blancas que perfumaban el paseo.

Finalmente, las dos muchachas se sentaron en un banco bajo un arce de hojas doradas para hacerse confidencias.

—¡Qué bien se llevan! —exclamó Wen, conmovida—. ¡Oh! Yo también podría tener una hermana y aparecer tan acicalada como ellas. Ya me veo: pendientes de oro, colgantes, uñas de colores, una túnica de seda bordada con pavos de alas orgullosas y...

—Espera... —la interrumpió Long—. Espera a ver qué dicen...

Durante unos instantes las dos permanecieron en silencio hasta que Gong hizo una señal con la cabeza a una de las sirvientas. Esta se le acercó con una profunda reverencia y ella le ordenó:

—Tráeme la sombrilla blanca con cigüeñas, ¡y rápido!

—Sí, señora.

Como la muchacha se quedó inmóvil esperando a que le diera permiso para marchar, la princesa Gong frunció el entrecejo y exclamó:

—¡Mueve el culo!

Eso Wen no lo esperaba y exclamó asombrada:

—¡Hala, qué malas pulgas tiene Gong!

La sirvienta salió temblando hacia uno de los pabellones y regresó dos minutos más tarde con un pequeño parasol, que abrió.

—¡Ooh! —se le escapó a Wen.

La tela estaba pintada con cigüeñas de todos los colores, pero la princesa Gong la miró tan colérica que si se hubiera mordido los labios, hubiera muerto envenenada al instante.

—¡Te he pedido la sombrilla verde con pavos reales y no la blanca con cigüeñas! —le chilló—. ¡Estúpida!

Su hermana hizo una mueca y se volvió hacia ella.

—Le has pedido la que te ha traído, ¡papanatas!

—Pues ahora he cambiado de opinión, ¿y a ti qué más te da, Xiao? Que se fastidie. Esta esclava trabaja para mí. ¿Lo entiendes? —añadió—. Si no estaría muriéndose de hambre en una cloaca.

—La única muerta de hambre eres tú, hermanita —le soltó Xiao—, que ayer me robaste el peine de marfil. Seguro que te morías de envidia...

—¿Envidia yo? ¿De ti? ¡Ja, ja, ja! —chirrió la voz de Gong—. ¿De qué quieres que te tenga envidia?

—¡No poco!

—¿Y tú? La semana pasada me birlaste el nuevo *qipao*[2] para pavonearte delante de los guardias.

—¿Yo? ¿Cuál?

—El de seda dorada. Quin, la sirvienta bizca, lo encontró sucio de hollín. Seguro que lo usaste para limpiarte el trasero, ¡cochina!

Al escuchar aquello, Wen abrió unos ojos como platos, pero no tuvo tiempo de decir nada porque la pequeña Xiao se encaró con su hermana Gong.

—¡Eso no te lo tolero!

Las damas de la corte las escuchaban a pocos pasos de distancia, pero no prestaban demasiada atención a la dos hermanas.

---

[2] Vestido o túnica de seda.

—Deben de estar acostumbradas a estas muestras de cariño... —sonrió Long.

Entonces Gong se levantó y pegó con el pie en el suelo enfurecida. Se la veía tan furiosa que de los ojos le salían rayos y de la boca, fuego.

—¿Pero tú qué te has creído, muerta de hambre? ¿Que no me lo toleras? ¡Esta noche haré trizas tu nueva túnica de mariposas! —chilló histérica.

—Pues yo echaré hollín en tus polvos de maquillaje y mañana saldrás con la cara embadurnada de negro, ¡cerda, más que cerda! —estalló Xiao.

—¡Te arañaré la cara, desgraciada! —explotó Gong, mostrándole sus nuevas uñas de cerámica que medían un palmo.

—Pues yo me mearé en tu cama y mañana todas las sirvientas se reirán de ti.

—¡Te odio! ¡Te odio! ¡Te odio! —Gong seguía golpeando al suelo con su piececito.

Entonces las puertas del pabellón por las que había entrado la emperatriz se abrieron de golpe y un eunuco corrió hacia ellas. Era calvo, rechoncho y se le veía muy agobiado. Agitaba tanto los brazos que las mangas de su túnica revoloteaban como las alas de un ruiseñor. Se acercó resoplando al banco donde se sentaban las princesas, pero las dos estaban tan fuera de sí que no se rebajaron a observarlo.

—Hoy la luna aún no se ha escondido —las saludó sonriendo amablemente retorciéndose las manos, nervioso—, porque vuestra plateada presencia ilumina toda la ciudad y...

—¿Qué mosca te ha picado, perro? —le respondió la más menuda de las dos princesas.

Durante unos segundos Xiao se había olvidado de la incómoda compañía de su hermana Gong y observaba al sirviente con cara de asco.

—Vuestra soberana madre, la emperatriz... —les dijo el eunuco—, os ruega que me acompañéis.

—¿Y mi padre?

—No —el sirviente se deshizo en disculpas—, a su padre me temo que hoy tampoco lo verán. Ha marchado al río para revisar la flota de sampanes.

—Hoy tampoco... —se quejó Gong, fastidiada.

Las dos se resignaron y acompañaron al eunuco hacia el pabellón seguidas de su comitiva, que caminaban apresuradamente. Un minuto después la pequeña corte había desaparecido también dentro del pabellón, pero los gritos de «¡cerda, cochina, pesada!» aún resonaban por los jardines.

Long y Wen avanzaron con cuidado hasta que pudieron ver lo que ocurría en el interior del pabellón en el que habían entrado. Se trataba de una especie de almacén. En el centro había dos mesas de madera llenas de rollos de seda. La emperatriz Yu las examinaba rodeada por un ejército de modistas y sastres.

Las dos princesas se siguieron insultando hasta que de repente se oyó la voz autoritaria de su madre:

—¡Basta! ¡Sois un par de imbéciles! ¿Quién ha cogido la seda dorada con la que quería hacerme un vestido?

Las dos muchachas empezaron a acusarse mutuamente. Gritaban tanto que su madre levantó un dedo amenazador y les señaló hacia el jardín. Los sirvientes apenas podían aguantarse la risa y Wen las observaba con los ojos desorbitados.

—¿Además de maleducadas, ladronzuelas? —le preguntó a Long mientras las perdía de vista—. Parece que nunca tengan suficiente.

El dragón negó con la cabeza.

—Esta clase de personas jamás tiene suficiente, siempre lo quieren todo. Y eso es una maldición. ¿Aquí querrías quedarte?

—Ni de broma —murmuró Wen.

—Ya me lo parecía —dijo él satisfecho—. ¡Venga! Vamos o se nos hará tarde.

Long despegó del tejado en el momento en que las dos muchachas salían del almacén de sedas enrojecidas y sin atreverse a hablar.

Mientras nos alejábamos de la Ciudad Prohibida nos llegó una dulce melodía de arpas y una intensa fragancia de rosas. Pero Wen ya había comprendido que todo aquello era una comedia para ensordecer el ruido terrible de la soledad y dulcificar la mezquindad de aquellos corazones tan vacíos.

—No me ha gustado nada esta visita a la Ciudad Prohibida —dijo mientras volábamos de regreso—. Desde el tejado todo parecía tan bonito y ellas tan encantadoras... Hasta que han abierto la boca...

A media tarde ya estábamos de regreso en la cima de la montaña. Wen se quedó sentada en la orilla del pequeño lago observando las libélulas de colores imposibles. Un puñado de ellas hacía acrobacias muy arriba y después bajaban hasta tocar las aguas de cristal. Allí permanecían inmóviles observando a Wen como si la conocieran desde hacía años.

Long se le acercó bamboleándose. Se echó a su lado y le pasó la cola por los hombros.

—Yo ya conocía el percal de estos sitios...

Wen le observó con los ojos empañados.

—Yo no necesito vivir en un palacio, Long... ¿No podríamos encontrar una familia más sencilla? —le suplicó.

—Pronto lo intentaremos de nuevo, pero ten en cuenta que las cosas importantes, las que de verdad valen la pena, no se obtienen a la primera de cambio, ¿lo entiendes, verdad?

—Lo entiendo.

Long le sonreía bondadosamente. La primera visita para encontrarle una familia había terminado como el rosario de la aurora, pero yo tenía la esperanza que la segunda diera fruto. Con este pensamiento me fui a cenar a unos lotos preciosos que flotaban sobre las aguas del lago.

Agito suavemente un abanico de plumas blancas,
sentado, la camisa abierta, entre hojas verdes.
Me quito el sombrero y lo cuelgo de una rama;
desde los pinos la brisa se desliza
por encima de mi desnuda cabeza.

5

Donde explico cómo Long y Wen visitan a la familia de un soldado de la Gran Muralla y la sorpresa que Wen se lleva al conocer a un chico de su edad...

Unos días después de entrar en la Ciudad Prohibida, Wen preguntó a Long cuándo harían la siguiente visita. El dragón meditó durante unos instantes y anunció:

—Hoy visitaremos la Gran Muralla.

Dicho y hecho. Wen trepó a su grupa y un segundo más tarde volábamos por un cielo limpio de nubes. El viaje fue agradable y aunque hacía un viento molesto, los tres disfrutamos de lo lindo.

Vimos la milenaria construcción a la legua. Era una serpiente de piedra larguísima que se deslizaba entre valles colmados de niebla.

—¡Es enorme! —exclamó Wen—. ¡Qué bonita!

—Sí, pero su historia es muy triste. La Gran Muralla se construyó para dividir a los pueblos. ¿Nunca te he contado la fábula de los Meng y los Jiangü?

—No, Long —se lamentó Wen—. Nunca me la has contado.

—Pues mira, la muralla empezó a construirse por orden del emperador Qin Shi Huang. Durante muchos años su misión fue detener a las tribus de Xiongnu cuando atacaban desde el norte, y más adelante para defenderse de los Manxú.

»En uno de los pueblecitos del norte vivían dos familias muy amigas, los Meng y los Jiangü. Ambas se entristecieron mucho al ver que sus casas quedaban en lados diferentes de la muralla. No sabían qué hacer para reunirse de nuevo y celebrar fiestas y bailar.

»Fruto de la desesperación sembraron la semilla de una planta trepadora a ambos lados de la muralla. Tenían la esperanza de que al crecer podrían reencontrarse en la parte más alta de esta. Cada mañana la regaban con lágrimas porque estaban separados unos de otros.

—Pobrecitos...

—Sí. Los años pasaban y los soldados continuaban construyendo la Gran Muralla, pero la planta también seguía creciendo. Finalmente las ramas de ambos lados se unieron en la parte más alta. Las familias treparon por ellas y desde aquel primer día se reunieron siempre a la misma hora para intercambiarse besos y regalos.

—¡Qué bonito!

—Sí. Pero un día descubrieron algo muy extraño: la planta no había dejado de crecer y una tarde de ella nació una preciosa flor blanca como la nieve. Esto, que debería haber sido un motivo de gran alegría, en cambio provocó discusiones entre los Meng y los Jiangü, porque cada familia aseguraba que la flor había germinado en su lado y, por tanto, les pertenecía.

»Discutieron durante meses hasta que la flor se abrió y ¿a qué no sabes que salió de su interior?

—¿Qué?

—Una chica preciosa y encantadora como tú.

—¡Oh! —exclamó Wen—. Qué bonito.

—Mucho... Al verla, los Meng y los Jiangü decidieron que la criarían entre todos y por ello le dieron el nombre de las dos familias: Meng Jiangü. Mientras la pequeña Meng crecía, los soldados continuaban construyendo la muralla, pero había un tramo que siempre se les derrumbaba. El emperador estaba muy enfadado y consultó a los adivinos, quienes le recomendaron que si mataba a un hombre por cada *li* de muralla que se construía, todo se arreglaría. Él dijo que no era necesario matar a tanta gente porque con un hombre que se llamara Wan, que significa «mil *lis*», sería suficiente.

»Se buscó al tal Wan por todos los pueblecitos de China y finalmente encontraron al hijo de unos campesinos del norte que respondía a este nombre. Sin embargo, al conocer los planes del emperador, el chico huyó al bosque, donde se enredó en una planta muy extraña. Era la misma de la que había nacido Meng Jiangü.

»Al ver a la chica, Wan se enamoró de perdidamente ella y Meng decidió esconderlo en su jardín. Un día el muchacho le suplicó que se casara con él. Las dos familias, los Meng y los Jiangü, estuvieron de acuerdo. Sin embargo, la boda jamás se celebró porque alguien del pueblo le delató y los soldados encarcelaron a Wan. El emperador le ejecutó y sus restos pasaron a formar parte de la muralla, que jamás volvió a derrumbarse.

—¡Oh! —exclamó Wen.

—Aquello rompió en mil pedazos el corazón de Meng Jiangü. La chica no dejaba de llorar y recorría la muralla buscando a su amado. Jamás lo encontró, hasta que un día su llanto rompió las piedras y des-

cubrió el cuerpo de Wan. Todavía hoy la gente que visita la muralla oye los lamentos de Meng Jiangü.

—¿De verdad?

—Eso dicen, Wen.

En el momento que Long terminó de explicarle esta fábula, llegamos a la ciudad del Fénix, muy cerca de la Gran Muralla.

En una gran plaza enlosada había congregadas miles de tropas en hileras ordenadas. Un general pasaba revista al ejército y corregía una cinta mal anudada, una espada sucia o una lanza que no se levantaba recta hacia el cielo. Todos los hombres iban protegidos con armaduras de bronce bruñido y la cabeza con cascos piramidales. Sus miradas eran feroces. Estaban preparados para lanzarse como leones contra sus enemigos y hacer una carnicería.

El oficial chillaba:

—¡Oi! ¡Oua!

Los guerreros levantaban las espadas hacia arriba como un solo hombre y a una orden las dejaban caer con el rugido de mil látigos.

—¡OUAAA!

En cuanto terminó el entrenamiento, los soldados se dispersaron por las tabernas o se dirigieron al cuartel, un edificio alto y alargado coronado por largas chimeneas que escupían volutas de humo azulado.

Wen avanzó hacia una puerta que los hombres llamaban «la primera puerta del cielo», la de Shanhai. Allí, escondidos del resto de soldados, un padre entrenaba a su hijo. Cada vez que el chico fallaba con la espada, el padre le pegaba en las piernas con una caña de bambú y el niño caía a tierra y se ensuciaba de barro. Wen giró la cara para no ver tanta crueldad, pero la madre del soldadito lo contemplaba desde la ventana de una casita cercana y no parecía sufrir mucho. Un grupo de soldados vestidos con armaduras que montaba guardia en la muralla animaba con gritos al chiquillo para que combatiera contra su padre. Otros se reían y decían:

—¡Cuidado, Wiu! ¡Que solo tienes un hijo!

—Cuando sea mayor tendrá que enfrentarse a los enemigos —les respondió el soldado—. ¡Más vale que se acostumbre!

Poco rato después se escuchó la fanfarria de una trompeta que llamaba de nuevo a los hombres. El soldado que entrenaba a su hijo corrió hasta la gran plaza para reunirse con sus compañeros y el niño se quedó solo.

Entonces Wen salió de detrás del arbusto que la ocultaba y se le acercó. El chico iba revestido con una armadura que le llegaba hasta los pies. En una mano agarraba una espada de madera y en la otra un escudo.

Los pasos de Wen eran temblorosos, quería causar buena impresión al pequeño guerrero, que se plantó delante de ella con las piernas abiertas y una sonrisa de perdonavidas en la boca.

—¿Quién eres? ¿Y qué haces aquí, niña? —le preguntó—. ¿Quieres luchar?

—Me gusta más jugar a otras cosas... —le respondió Wen.

—Yo solo sé jugar a la guerra, niña. De mayor seré un soldado como mi padre y mis abuelos.

—¿Y qué hacéis los soldados?

—Matar, matar a todo lo que se nos pone por delante. ¿A qué linaje perteneces, niña? ¿Cuántos enemigos han matado tus abuelos y tus padres?

Wen le observó desconcertada.

—No los he conocido... —le respondió—. No sé a cuántos han matado...

—Pues luchemos y veamos de qué pasta estás hecha, niña —le ordenó el soldadito.

El chico avanzó unos pasos y Wen retrocedió clavando sus ojos almendrados en aquel muchacho de su edad. Él blandía la espada con furia y Wen escapó hacia los escalones de la muralla. Ágil como una cervatilla, saltaba a un lado o al otro para esquivar los golpes.

De repente el pequeño soldado llegó arriba, pero en vez de avanzar hacia ella se agachó para abrocharse los cordones de una bota. Wen se le acercó para ver qué le pasaba, pero el pequeño guerrero era un tramposo y la pilló a traición. Wen se agachó, pero la espada le golpeó en la mejilla.

—¡Ay! —exclamó—. ¡Basta! ¡Me haces daño!

Nosotros los escuchábamos escondidos desde abajo, pero al oír el grito Long alzó su cabezota y la puso sobre las almenas de la muralla. Luego gruñó como solo él podía hacer y sonrió con malicia, dejando entrever unos colmillos afilados de dos palmos de largo. El pequeño guerrero abrió unos ojos como platos.

—¡Ma... mamááá! —balbuceó.

El chiquillo escapó a todo correr hacia el otro extremo de la muralla, dejando tras de sí un reguero de pis.

—No tenías que hacerlo —le riñó Wen—. Lo tenía todo controlado.

—¿Cómo?

—Nada. ¿Y si explica en su casa que te ha visto?

—No le creerán y le castigarán por embustero.

A continuación, Wen se subió a la grupa del dragón frotándose la mejilla donde le empezaba a salir un moratón. Se agarró a los cuernos y le suplicó:

—Vuela hacia las montañas, por favor.

No tuvo que repetírselo. Long batió las alas y ascendió por el cielo limpio de nubes. Wen sollozaba porque era la segunda visita que hacían a una familia y había resultado peor que la primera.

—¿Es que nadie sabe querer en este mundo que me muestras, Long? —se quejó.

Él suspiró, porque también estaba harto de guerras. Ya había presenciado cómo los hombres se habían destrozado durante las dinastías de los Tang, los Song y los Han. Demasiada sangre había saciado las piedras de la muralla, y no era un espectáculo bonito de ver.

—Como dice el poeta, el fracaso es la madre del éxito —le respondió para consolarla.

—¿Qué poeta?

—Eso no lo recuerdo. Ya es mucho que recuerde el verso...

Wen hizo una mueca y se quedó en silencio. Yo me olí que Long no jugaba del todo limpio y aquella noche, mientras ella dormía bañada por la luz plateada de la luna, me acerqué al dragón.

—También es mala suerte —le dije—. Otra visita que termina mal... Me parece que haces trampas...

—¿Cómo?

—Que solo le muestras la tristeza para que se quede contigo...

—Cada tierra hace su guerra...

—¿Qué significa eso, Long?

—Que a todo el mundo le aprieta el zapato por un lado distinto. Que en todas partes hay problemas, sean del color que sean.

—Ya lo decía yo, que hacías trampas.

Él susurró:

—Tú qué sabes…

Dicho esto me dio la espalda volviéndose hacia el otro lado, y siguió durmiendo tan fresco como una lechuga. Yo me eché a su lado, pero no dormí en toda la noche porque estaba mosqueada.

La flor del melocotonero es roja
y todavía brilla con la lluvia de la noche.
Los sauces reverdecen
con la neblina de la primavera.
Los pétalos caídos no han sido
barridos todavía por los criados.
Cantan las oropéndolas.
El invitado aún duerme.

6

En el que Long y Wen visitan al señor Li,
un comerciante de sedas de Guangzhou,
y de las cosas que les suceden en aquella región y
de cómo también se marchan decepcionados
de la tienda del comerciante...

Long decidió realizar la tercera visita unas semanas más tarde. Le había explicado a Wen que encontrarle la familia adecuada no era una tarea sencilla, porque tenía que conseguirle la mejor. Pareció que ella se conformaba, pero yo intuía que si no la encontrábamos pronto se desanimaría y los pájaros de la tristeza anidarían en su pequeño corazón.

—Hoy iremos a la villa de Guangzhou —anunció Long—, al norte del río Changjiang.

A Wen no se lo tuvo que repetir. Se encaramó graciosamente a su grupa y puso una pierna en cada lado.

—A ver si hoy... —sonrió débilmente.

Él batió las alas y de un salto se elevó entre las nubes, que parecían de algodón. Era un día claro y frío del mes de Zhéngyuè. Los albaricoqueros y los almendros ya florecían. La hierba y los bosques verde esmeralda saludaban al sol y parecía que nada podía salir mal en un día tan extraordinario como aquel.

—¿A quién vamos a visitar? —le preguntó Wen cuando ya llevábamos rato volando.

—Al señor Li.

—¿Quién es?

—Un comerciante de sedas de Guangzhou.

Wen no lo recordaba, pero años atrás habían cruzado aquella villa un día que habían volado hasta Hong Kong para ver el mar y los piratas.

Un par de horas más tarde, Long empezó a descender y los contornos de Guangzhou se dibujaron bajo las nubes.

El río Changjiang era sinuoso y largo como una serpiente de plata. Se deslizaba entre los muelles sembrados de locales de comerciantes, almacenes y tabernas de pescadores. Las chimeneas liberaban un humo espeso. Era el tufo amargo de los barreños donde hervían los capullos de seda para convertirlos en vestidos.

Long aterrizó sobre un tejado sólido para resistir su peso y desde allí observamos el mundo que teníamos a los pies.

El río estaba lleno de sampanes de madera. Muchos acababan de atracar y todavía tenían desplegadas las grandes velas rojas como la sangre. Los estibadores del puerto subían y bajaban de los barcos por las pasarelas cargados de rollos de telas y grandes barriles que hacían rodar peligrosamente.

Long señaló hacia una silla de mano que circulaba entre la muchedumbre. Dos porteadores forzudos cargaban a pulso esa especie de casita de madera gracias a unos largos mangos.

—Dentro va el señor Li —susurró.

Mientras los sirvientes le transportaban arriba y abajo, el comerciante contaba los barcos que atracaban y se mesaba los largos bigotes. Sus ojitos calculaban cuánto ganaría con la venta de los *qipaos* que sus obreros fabricarían con aquellas sedas. Soñaba con lo llena de monedas que estaría la pequeña arca escondida en el secreter, de la que ni su mujer conocía su existencia, no fuera que le birlara algunas.

El señor Li terminó sus cálculos y ordenó a los porteadores que regresaran al centro de la villa. Unos minutos más tarde los dos forzudos detuvieron la silla delante del precioso escaparate de una tienda. El establecimiento estaba decorado con un gusto tan exquisito en rojos y dorados que invitaba a visitarlo y a gastarse un dinerillo. Colgados de las vigas había preciosos *qipaos* y *hanfus* de seda de todos los colores: rosas, rojos, dorados…

—¡Qué maravilla de vestidos! —exclamó Wen.

—Son bonitos, ¿verdad? —sonrió Long—. ¿Sabes de dónde sale la seda?

—De los gusanos, ¿no?

—Sí, ¿y sabes cómo se hace? Es un montón de trabajo. ¿Has visto cómo los niños los alimentan con hojas de morera y cómo engordan?

—Sí.

—Pues después el gusano se encierra dentro de un capullo que fabrica con su propio hilo de seda. Una semana más tarde las sederas recogen los capullos donde los gusanos se transforman en una preciosa mariposa y los echan en unos grandes barreños de agua hirviendo.

—Pobrecitos... —suspiró Wen.

—Ley de vida... —murmuró Long—. Después, cuando los capullos se deshacen, sacan las larvas. Los desenrollan y confeccionan el hilo con el que las tejedoras fabricarán las telas y los artistas las pintarán con dibujos magníficos.

Entonces los porteadores depositaron la silla suavemente en el suelo. Uno de ellos abrió la puerta del vehículo y bajó la escalera articulable para facilitar la salida del ilustre pasajero. Primero apareció un zapatito de seda roja con bordados de oro, después el otro, y finalmente apareció el señor Li. Vestía una preciosa túnica con pavos reales de colores que se confundían con unas cigüeñas que bailaban por un cielo negro y brillante. Llevaba la cabeza cubierta por un sombrerito también negro del que colgaban unas borlas para espantarle las moscas.

A mí me cayó simpático aquel hombre un poco presumido al que le encantaba que le llevaran y trajeran de acá para allá en su silla de mano. Además, tenía un oficio sólido que podría mantener a Wen.

Ya decían que quien no supiera sonreír, mejor que no abriera una tienda. Hay que subrayar que el señor Li de sonreír sabía un rato, especialmente a los clientes y clientas que entraban en su tienda con una bolsa de monedas colgada del cinturón. Me imaginé cómo sus manos se retorcían de satisfacción y su boca se hacía agua contando los beneficios del negocio. Seguro que la bolsita del cliente siempre le parecía demasiado abultada y se moría de ganas de aligerarla

de aquella pesada carga. Me convencí de que era de aquellos que recomendaba a sus clientes la tela más cara y no la que les sentara mejor. Seguro que siempre procuraba que se quedaran unas varas de más por si era necesario realizar arreglos de última hora o la modista echaba a perder el vestido.

—Que algunas tienen unas manos que parecen pies —debía de decir con frecuencia el señor Li.

De esta forma su pequeño cofre cerrado con las siete llaves que le colgaban del cinturón se llenaba de monedas de plata y bronce. Mientras yo me creaba esta imagen del comerciante, el otro porteador le abrió la puerta del comercio. El señor Li entró y la retahíla de *qipaos* y de túnicas que colgaban de los armarios le dieron la bienvenida agitados por la corriente de aire.

Lo primero que hizo el comerciante cuando entró fue arrancar unos pétalos mustios de unos crisantemos que había en un jarrón, y después rumió durante unos segundos. A continuación se dirigió hacia el armarito secreto donde escondía el cofre con las monedas. Lo abrió y estuvo un rato contándolas con ojos fervorosos. De repente se oyó un ruido que procedía del piso superior y el señor Li cerró el cofre, no fuera que su mujer o sus esclavos le sorprendieran.

Entonces se sentó y se alisó los bigotes. No tuvo que esperar mucho para que entrara una clienta en «Li y Compañía. Confecciones y *qipaos* de óptima calidad». Poco después las campanillas de la puerta repicaron alegremente.

Se trataba de una señora respetable que entraba acompañada de una doncella. La anciana iba muy bien vestida y su sirvienta la protegía del sol con una sombrilla blanca que plegó al entrar.

El señor Li obsequió a la clienta con una sucesión de reverencias cada vez más zalameras.

—Señora Yang... Qué rayo de luz entra con usted por la puerta...

La mujer le miró como si acabara de tragarse un limón. Se dejó caer en una silla y sacó el abanico.

—Déjese de estupideces, Li —replicó mientras empezaba a abanicarse—. Vengo a quejarme. Me ha engatusado. Esto no es seda.

La sirvienta depositó encima de la mesa una pieza de ropa deshilachada de color amarillo. Se veía a la legua que unos hilos de seda delgados y brillantes estaban entretejidos con otros más bastos y gruesos.

La cara del señor Li se tiñó de rojo.

—¿Cómo que no es seda? —exclamó incrédulo.

—Lo parece, pero no... —dijo la señora Yang señalándole los hilos gruesos—. ¿Ve? Esto es algodón, pero temo que ya estaba al corriente... Ya me habían avisado de que...

Desde el otro lado del escaparate vimos cómo la sonrisa del comerciante se desvanecía igual que el agua de las acequias al regar los campos de arroz.

—O sea ¿que les da gato por liebre? —dijo Wen desilusionada.

—Sí, es un tramposo y un embustero.

En el interior de la tienda la señora Yang seguía sacado los colores al comerciante.

Él ponía cara de bajar de la luna y de no saber de qué le hablaba, pero la señora Yang era experta en tratar con estafadores y tramposos: discutía, sobre todo, con banqueros.

—Usted quería engatusarme. Esto no es seda —repitió la mujer apretando los puños—. Ya debe de saber que es algodón mezclado con restos de seda. Ya puede devolverme lo que pagué si no quiere que le denuncie al alguacil.

El señor Li se levantó y se dirigió con pasitos titubeantes hacia el mueble. Parecía que a cada paso que daba le arrancaran una muela.

—Un error imperdonable, señora Yang. Los de la fábrica me oirán. ¡Pues claro que me oirán! ¡Esto no me había sucedido nunca! Qué desprestigio para esta intachable empresa...

A continuación abrió el compartimento secreto donde escondía el cofre. Contó seis monedas de plata aprisa y se las entregó. La señora Yang se apresuró a cogerlas y salir de la tienda mientras él se deshacía en excusas:

Pero la clienta no le oyó, porque marchaba por la calle seguida de la sirvienta con la sombrilla. Se abanicaba con furia por el mal rato que había pasado con el comerciante.

Por su lado, el señor Li salió de la tienda detrás de ella, pero en vez de seguirla giró hacia la izquierda. Poco después se adentró por un callejón maloliente y embarrado.

Nosotros nos apresuramos a seguirle y le encontramos clavado frente a las grandes puertas de un gran cobertizo de madera que había abierto bruscamente de par en par.

Lo que vimos en aquella especie de fábrica era horroroso. Por lo menos allí dentro había apretujados cien trabajadores, la mayoría niños no mucho más mayores que Wen. Todos estaban amontonados en bancos e iban vestidos con harapos sucios.

En un extremo, un grupo de diez o doce, todo piel y huesos, hervían los capullos de seda dentro de unos grandes barreños ennegrecidos. De ellos se elevaban hasta las vigas grandes vaharadas de vapor. En el interior del local, débilmente iluminado, flotaba un humo denso y maloliente, el mismo del que apestaba el callejón.

En el extremo opuesto había otro grupo de niñas que tejían telas con los hilos que sacaban de dos montones: uno de seda y otro de algodón, como había adivinado la señora Yang. Todas las caritas de los pequeños trabajadores del señor Li estaban pálidas, tenían las mejillas hundidas y los ojos enrojecidos. Se veía a la legua que su vida era más triste que la de la pobre mujer del funcionario de Lujiang, a quien su marido tenía atada de un pie a su telar y obligaba a fabricar un rollo de seda cada tres días.

El señor Li golpeó colérico con el bastón encima de una de las mesas hasta que lo partió.

—¡Me habéis hecho perder una buena clienta, pandilla de inútiles! —les regañó sacando rayos por los ojos—. ¿Queréis mezclar la seda con el algodón de manera que no se note? ¡Inútiles, desgraciados, comemocos!

—¡Hala, cómo se las gasta el comerciante...! —exclamó Wen.

De repente oímos un tumulto de gente a nuestras espaldas. Nos giramos y vimos cómo unos soldados y un alguacil corrían por el callejón hacia la fábrica. A la cabeza lo hacía la señora Yang, blandiendo su parasol como si fuera la generala de aquel ejército improvisado.

El alguacil del municipio, un hombre barrigudo que sujetaba una vara larga en la mano, se adelantó al resto y se encaró con el comerciante. Al señor Li no le llegaba la camisa al cuerpo.

—Señor Li —dijo el hombre autoritario—, queda usted detenido por estafa, malas prácticas comerciales y también por explotación infantil. ¡Es un inútil, un desgraciado y un comemocos!

El comerciante empezó a sudar y abrió la boca para balbucear una excusa, pero le habían pillado con las manos en la masa.

Se lo llevaron atado de pies y manos y jamás se le volvió a ver por la preciosa ciudad de Guangzhou. Toda la chiquillería que trabajaba en aquella especie de fábrica asistió a la escena boquiabierta. Al ver que eran libres, corrieron hasta la pocilga de los cerdos donde dormían, recogieron sus cuatro pertenencias y huyeron del pueblo.

—Si no quieres que se sepa, no lo hagas —dijo Long—. ¿Has visto amor aquí?

—No, aquí tampoco —confesó Wen apenada—. Solo he visto a un embustero y avaricioso.

—¡Uy! Pues este es de los insignificantes. Si un día visitamos a un banquero, te sorprenderás...

—¿Ah sí?

—¡Por supuesto! Si vieras la cara de la mentira, Wen, te horrorizarías...

—¿Y todo eso es por lo que me contabas del dinero?

—Exacto... Hay demasiada gente que solo piensa en acaparar sin ton ni son. El mundo solo irá bien el día que los viejos planten castaños o cedros sabiendo que jamás se sentarán bajo su sombra.

—¿Qué quieres decir? —le preguntó Wen.

—Que todo el mundo hace las cosas por interés y sería tan bonito que las hicieran desinteresadamente...

—¿Como las madres?

—¡Exacto! Ellas lo dan todo y casi nunca esperan nada a cambio.

—¿El amor es eso?

—Exactamente eso, Wen. Yo añadiría que esta clase de gente no saben de qué color son las nubes porque nunca miran al cielo, solo hacia su bolsillo.

Durante el viaje de regreso a la montaña, Wen no abrió la boca y tanto Long como yo vimos que regresaba muy mustia. Era la tercera visita y aquello de encontrarle una familia iba de mal en peor. Por eso esa misma noche, como yo estaba mosqueada después de realizar tres visitas inútiles, me acerqué volando. Estaba tan nerviosa y enfadada que no paraba de frotarme las antenas con las patas.

—¿No va siendo hora ya de que te esfuerces un poco y le encuentres una familia? —le regañé.

—¿No ves que lo estoy intentando?

—Me parece que puedes hacerlo mucho mejor...

—¡Ja! —se rio el dragón—. ¡Como si fuera tan sencillo!

—Creo que lo único que intentas es retenerla a tu lado.

—Podría ser...

Él no añadió nada más.

Se levantó y se alejó bamboleándose hacia Wen, que daba una vuelta por el bosquecillo.

—No sufras, hija —le dijo—. Algún día daremos con la familia que te convenga, pero las cosas importantes requieren su tiempo. Mañana iremos a rogar al dios del árbol blanco para que también ponga algo de su parte. ¡A ver si tengo que hacerlo todo yo! —refunfuñó.

Pareció que Wen se conformaba y se alejó por el camino. Casi había oscurecido por completo y el suelo estaba sembrado de luciérnagas luminosas que se asemejaban a farolillos que alumbraban la llanura. A su paso, las lucecitas se apartaban abriéndole un camino que se internaba entre los pinos. Mientras tanto, tarareaba una canción:

¡Que bella la flor de jazmín!
¡Qué bella la flor de jazmín!
Bellas ramas llenas de flores fragantes,
perfumadas y blancas, todo el mundo las admira.

Los aleros curvos de las pagodas
se levantan alegres hacia el cielo
como las alas de un pequeño ruiseñor.
Yo los admiro desde abajo y sonrío
de madrugada al sol y a la luna.

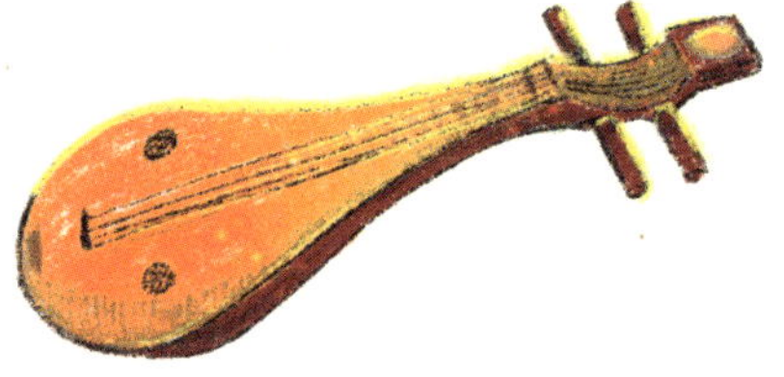

7

En el que Long y Wen visitan a un músico de la ciudad de Kaifeng y asisten a un curioso concurso musical...

La cuarta visita la realizamos días más tarde a la noble e inmortal ciudad de Kaifeng. Aquella mañana Long fue al encuentro de Wen, que se encontraba junto al lago. Se sentó a su lado y le dijo:

—Ya que en el mundo de los que gobiernan, de los que guerrean y de los que solo quieren ser los más ricos no hemos encontrado nada, hoy probaremos suerte con un artista, un músico. ¿Te parece?

El viaje fue como de costumbre. Hacia mediodía sobrevolamos la ciudad de Kaifeng hasta que Long descubrió un callejón poco transitado cerca del mercado. Bajó como un rayo y nos escondimos detrás unos sacos de pimienta y de clavo.

La ciudad estaba tan llena de gente que no había manera de pasar desapercibido y Long hizo algo que me dejó boquiabierta. Se cubrió la boca con las garras y sopló. Al instante quedó envuelto de un intenso humo amarillo. Al deshacerse, en lugar de un dragón apareció una voluminosa señorona redonda como un barril.

Se había pintado los gruesos labios de color morado y de las orejas le colgaban unos exagerados pendientes de oro. Lo más espectacular era el vestido, porque era de un rojo muy chillón. Delante y detrás tenía bordados unos magníficos dragones dorados con las fauces abiertas y los ojos saltones. La preciosa túnica en la que se había embutido apenas disimulaba sus posaderas, voluminosas como un tambor. Yo me dirigí a su pelo y me quedé bien quieta, como si fuera también un complemento, una joya.

Wen estalló en carcajadas y yo tampoco pude aguantarme.

—Estás preciosa, Long —le alabó.

Él gruñó:

—Me he equivocado de conjuro y ahora no puedo hacer nada. El vestido me aprieta por todas partes. ¡Vamos o llegaremos tarde!

A continuación cogió a Wen del bracito y avanzaron.

—¿A dónde vamos? —se interesó Wen.

—¡Al teatro!

Las calles estaban atiborradas de comerciantes sonrientes que se lamían los largos bigotes, pero Long no tenía ningún escrúpulo en usar sus caderas para moverse.

Las fachadas llenas de carteles anunciaban toda clase de mercancías. A un lado y otro se levantaban entoldados que ofrecían pavos desplumados, serpientes fritas y cabezas de cerdo colgadas de ganchos, brazaletes y amuletos contra el mal de ojo. En las puertas de los sastres y las modistas revoloteaban las sedas brillantes.

Poco después, y empujando a diestro y siniestro, llegamos a la plaza principal de Kaifeng. Se veía a la legua que era el corazón de la villa. Debían de celebrar algún festival porque había mucho alboroto. Los músicos ensayaban en cada esquina con flautines y una especie de laúd de siete cuerdas, que allí llaman *qin*[3].

En uno de los teatrillos de sombras, los *piying*, vimos a dos artistas que movían las figuras de piel imitando las voces de los protagonistas del drama. Paramos un rato delante de ellos porque Wen sonreía de nuevo.

De repente Long me hizo una señal para que mirara hacia la derecha. Un hombre muy repeinado

[3] Instrumento musical de cuerda.

avanzaba hacia nosotros. En la boca lucía una sonrisa de oreja a oreja. Le acompañaba un joven discípulo que cargaba con el saco de cuero del que sobresalía el traste largo y brillante de su *qin*.

—Es el músico a quien hemos venido a oír —dijo Long—. Después le veremos, cuando actúe. Aún falta un rato.

El hombre parecía encantador. Saludaba a todo el mundo. De esta manera supe que respondía al nombre de maestro Háorán Zhóu. Era muy conocido y mejor considerado.

Le seguimos hasta que llegamos a un teatro de colores que se levantaba a uno de los laterales de la plaza, junto a la calle de los zapateros. Un cartel clavado en sus grandes puertas de madera roja anunciaba con letras enormes:

ESTA TARDE

DRAMA DE XI SHI
Y
CONCURSO MUSICAL
DEL MES DE BAYUÉ

MAESTRO HÁORÁN ZHÓU
Y MAESTRO WU

Entramos y enseguida vimos cuatro sillas libres en la tercera hilera. Long ocupó tres y Wen una. Un minuto más tarde se abrió el telón y aparecieron los personajes de la obra sobre el escenario.

El drama explicaba que los reinos de Wu y Yué llevaban guerreando mucho tiempo. Una primavera el reino de Wu consiguió el triunfo y Gou Jian, el rey de Yué y su mujer se convirtieron en esclavos.

Años más tarde, Gou Jian, el rey derrotado, se rehízo y obsequió a Fu Chai, el rey de la vencedora Wu, con oro, plata y muchachas preciosas. El rey recibía los regalos sentado en un trono dorado y acogía a las muchachas con gestos ceremoniosos.

Los actores gesticulaban y gemían. Sus capas doradas revoloteaban por el escenario. Las máscaras de rostros exagerados con grandes bocas y cejas daban miedo. Todos gritaban o danzaban realizando malabarismos y la gente los observaba con las mejillas arreboladas. Los sombreros eran altos como castillos dorados llenos de frutas. Las danzas y las acrobacias se sucedían al ritmo de los músicos que se sentaban a uno de los lados del escenario.

Entonces entró en escena la preciosa Xi Shi, una chica alta y espigada que había sido enviada al palacio imperial como regalo. Al verla, el general Wu Zixu dijo al rey que la hermosura de Xi Shi era una maldición porque seducía a sus hombres y estos no querían entrar en combate. Ella le amenazó con suicidarse y el rey Fu Chai mató al general Wu Zixu.

Esto dio confianza al reino de Yué para vencer al de Wu y Gou Jian se vengó. Xi Shi y otros muchachas bonitas fueron recibidas por el vencedor Gou Jian. Al ver lo bonitas que eran el rey no quería prescindir de ellas y la reina le chilló: «¿Ya has olvidado la humillación del país?». Al final Xi Shi se enamoró de Fan Li, un alto funcionario, y después de la victoria se marchó con él al lago Wuhu, donde vivieron aislados de la sociedad y se enriquecieron.

Al terminar la representación teatral el público aplaudió. Era ya noche oscura y todo el escenario estaba iluminado con farolillos de color naranja.

—Mira que bien —dijo Long—. Fan Li era muy listo para los negocios y se convirtió en un hombre tan rico como el propio emperador. Un final perfecto: un amor bonito y prosperidad en los negocios.

Wen no dijo nada, sino que se limitó a observar cómo los actores saludaban con reverencias al público que les aplaudía.

—¿Y ahora qué? —preguntó.

—Ahora tenemos que esperar al músico que participará en el concurso, a ver qué tal...

Pero la cosa se retrasaba y el público empezó a golpear nervioso la tarima de madera con los pies. Wen se volvió otra vez hacia Long.

—¿Vamos a ver si le encontramos? —le dijo.

—Como quieras.

Los dos se colaron entre los espectadores y yo volé a su lado hasta que salimos afuera. A través de una ventana vieron qué ocurría tras las bambalinas del teatro.

Las actrices iban vestidas con túnicas de seda de mangas largas. Del respaldo de una silla colgaba un collar de perlas y en ella estaba sentado uno de los actores que se limpiaba la cara del polvo de harina con el que se había maquillado.

En otro rincón vieron a los dos músicos que competirían por el galardón del festival: el maestro Háorán Zhóu iba de rojo y observaba a su contrincante Wu, que vestía una larga túnica verde. El primero ya se había maquillado y afinaba su instrumento.

A quien no vimos por ningún lado fue al joven ayudante que cargaba con su *qin* en un saco horas antes.

Pero no tuvimos que esperar demasiado porque su cabeza sonriente apareció por detrás de las cortinas.

—¡Psst! —dijo dirigiéndose al contrincante de su amo.

El músico Wu le observó sin interés hasta que el chico dijo:

—El juez le llama, maestro.

El músico desapareció detrás las cortinas para dirigirse al teatro. Entonces el maestro Háorán Zhóu se levantó y tomó el instrumento musical de su contrincante. Lo examinó detalladamente, pero enseguida nos percatamos de que no era la única cosa que hacía.

—¿Qué hace? —se sorprendió Wen.

—Hace trampas para perjudicar a su contrincante.

El muy cochino había sacado una sierra de su bolsa y cortaba las cuerdas de la lira del maestro Wu. No las terminó de romper del todo para que los sonidos que emitieran fueran desagradables y torpes.

—Muy feo. ¿Y este es a quien veníamos a ver? —dijo desanimada—. Sí que hemos vuelto a acertar...

Poco rato más tarde Wen y Long regresaron al teatro y se sentaron en las sillas. Unas linternas dejaban el escenario casi en penumbra para poder disfrutar del espectáculo.

El juez principal se levantó de su silla con un vasito de licor de arroz en la mano. Se aproximó bamboleándose hasta los espectadores y dio unas palmadas. Los dos músicos salieron a escena.

—Y ahora, querido público... ¡Hics! —anunció el juez—, llega el momento más esperado de la noche. El concurso musical donde se enfrentan los maestros Háorán Zhóu y Wu.

Los dos hombres se inclinaron profundamente hacia la audiencia. Se oyeron algunos gritos animando a ambos. Háorán Zhóu cogió su *qin* y el arco de crines blancas. Se oyeron algunos silbidos, pero el público calló enseguida al escuchar las primeras notas del laúd.

Algunas eran agudas y otras más graves, pero los dedos largos y huesudos del artista subían y bajaban por el traste y apretaban las cuerdas con mucha gracia. A veces parecían el agua que baja por los torrentes del Huntgse. Otras los lamentos de la princesa Meng Jiangü o la alegría de los enamorados que se reencuentran cuando el soldado regresa sano y salvo de la guerra. Aquel hombre sabía un rato y sacaba de su instrumento un abanico de sonidos que se combinaban a la perfección.

A veces el músico pinzaba las cuerdas con tanta energía que era extraño que no aparecieran los soldados del emperador Kangxi marchando sobre las calles empedradas de Pequín. Otras lo hacía con la misma delicadeza que Xi Shi recogía nenúfares en el lago negro de la Ciudad Prohibida.

La pieza terminó con una nota larga y melancólica y todo el mundo se puso en pie para aplaudir.

—Muchas gracias... ¡Hics!... Maestro Háorán Zhóu —dijo el juez—. Una pieza muy bien escogida e interpretada.

Entonces llegó el turno de su contrincante, el maestro Wu, que se restregaba las manos en la túnica, nervioso. Háorán Zhóu le observaba desde las bambalinas con ojos maliciosos. El músico Wu se sentó en un taburete en mitad del escenario. Afinó su lira pulsando una cuerda, pero al instante su boca se curvó en una mueca. Algo no marchaba bien. Al interpretar las dos primeras notas ya vio que el concierto terminaría muy mal. El hombre sudaba para intentar que aquello sonara como una melodía, pero parecía más una riña de gatos que maullaban de modo aterrador. Uno detrás de otro se sucedían los chirridos y las notas no ligaban de ninguna forma.

—¡Qué horror! —gritó alguien entre el público.

Al pobre maestro Wu no le salió nada bien. Nota que tocaba, nota que desafinaba. A media actuación, mientras muchos espectadores se tapaban las orejas, se rompió una cuerda.

Entonces el músico se hartó. Arrojó la lira contra la tarima y el instrumento se partió en dos. Después se marchó enfadado como una mona injuriando al rastrero de su contrincante, al juez y a todo el público que había asistido y que le miraba riéndose a carcajadas.

—¡Qué merluzo! —dijo un comerciante grueso como un barril sentado en primera fila.

—¡Alcornoque! —dijo otro.

—¡Ganso!

El músico Háorán Zhóu había resultado ganador y avanzó hasta el centro del escenario. Recibió los aplausos del público como un pavo real con las plumas erizadas y haciendo reverencias a diestro y siniestro.

Wen se volvió hacia Long y suspiró:

—¡Qué tramposo! ¡Qué asco!

—¿Nos vamos? Me parece que este tampoco nos será muy útil...

Salimos del teatro y al llegar a un callejón Long recuperó su forma. Wen se subió encima y segundos después el dragón volaba en dirección a la montaña.

—Qué mala pata... Otra vez... —murmuré mientras atravesábamos las nubes.

Long gruñó y siguió batiendo las alas hacia las cumbres nevadas que se entreveían a lo lejos. Era la cuarta visita que terminaba como el rosario de la aurora, y yo ya estaba harta.

Se van volando los pájaros
no se sabe hacia dónde,
y de nuevo las montañas se llenan
del color del otoño.
Subo y subo y después bajo
por las montañas de Hua Zi:
hasta donde ha llegado
la tristeza que me llena.

8

En el que Long y Meng visitan a una familia de campesinos de la región de Juangxi y de la terrible discusión que tuve con Long...

Os ahorraré el relato de la quinta visita que realizamos pocos días después a una familia de campesinos de la región de Jiuzhangou, una tierra de hadas y de bosques exuberantes. Durante el mes de Púyuè los ríos bajan llenos de agua y en invierno las cascadas se hielan formando esculturitas caprichosas.

Como era previsible también resultó del todo infructuosa y a Wen solo le sirvió para conocer la miseria que anida en el corazón de algunos hombres. Los campesinos que vimos lo tenían más negro que el carbón. Jamás tenían suficiente y jamás estaban contentos. O no les llovía o les llovía demasiado. A veces el carro era demasiado grande y a veces demasiado pequeño. Todo les iba mal y todo eran quejas y caras largas. Al ver cómo el campesino Huang trataba a sus hijos y a su propia suegra, Wen se hartó enseguida.

Durante el vuelo de regreso no abrió la boca. A media tarde aterrizamos junto al bosquecillo. Ella descabalgó y se dirigió hacia los prados sin decir nada.

Un rato más tarde la vi rodeada de ciervos de cuernos enrevesados y punzantes que sonreían al sol del atardecer. Levantaban la cabeza mientras Wen arrancaba puñados de hierba fresca y brillante que ellos comían despreocupados.

Hacía días que el brillo de sus ojos se había apagado del todo, pero parecía que Long no quería darse cuenta. Me acerqué hasta Wen y oí que murmuraba:

—Jamás encontraremos a nadie suficientemente bueno, jamás... Siempre pasa algo. Si no es un problema, es otro...

Eso me rompió el corazón porque era consciente de que habíamos llegado a un callejón sin salida. Habíamos visitado a mucha gente y a Long nadie le había parecido suficientemente bueno o se las había apañado para que Wen no quisiera quedarse con nadie.

Estaba hundida del todo. Solo había que mirarla a los ojos. Las preciosas estrellas que brillaban en ellos se habían apagado. Los meses habían pasado y no habían conseguido encontrar una familia. Quizás fuera que para Long no existía, pero yo estaba convencida

de que en el fondo no quería que Wen se marchara y volara lejos como las cigüeñas que al atardecer atravesaban un mar de fuego.

Por eso decidí que tenía que hablar con él muy seriamente. Le encontré echado junto a la cueva. Yo estaba encolerizada porque lo que le hacía a Wen me parecía de una crueldad intolerable.

—Podrías esforzarte un poco más—le solté.

—¿Qué quieres decir? —me dijó desganado.

—¿A ti qué te parece? Hasta ahora solo le has presentado lo peor de cada casa, Long... Me parece que has hecho un poco de trampas.

—¿Trampas, yo? No sé de qué me hablas.

—Sí, trampas. No me tomes por tonta. —Estaba tan enfadada que las antenas se me iban hacia los lados—. Y creo que sé por qué... Para no dejarla ir.

—¿Sabes que cuando te enfadas se te ponen las alas blancas?

—Sí, de eso hablábamos… ¿Tú no entiendes que no puedes cuidar de ella el resto de su vida? ¿No ves que se quedaría a medias? ¿No ves que necesita una familia de verdad?

Él sonrió maliciosamente y yo me encendí todavía más porque su desidia me sacaba de quicio:

—Lo que veo —estallé— es que hemos bajado escalones hasta llegar abajo de todo. Empezamos con las hijas del emperador. Seguimos con los soldados, los comerciantes, los músicos y los campesinos. ¿Qué nos queda ya más abajo? ¡Nada! Ya está bien, Long. Parece que esté todo podrido en el mundo que le muestras. ¿Es que no tienes ojos a la cara? ¿No ves cómo está? —proseguí—. ¿No la ves melancólica y desanimada? Ha comprobado que eso de encontrar una familia es algo imposible y la culpa es tuya, Long.

—Quizás tengas un poco de razón —concedió—, pero solo un poco...

—Se le está muriendo la esperanza, Long. Si no vamos con cuidado las cigüeñas de la tristeza anidarán en su corazón...

—Eso sí que no —gruñó.

Vi que aquello le había dolido, pero yo ya estaba harto de conocer a gente sin que ninguna visita diera el fruto esperado. Yo sabía que el mundo estaba lleno de gente buena, pero él no tenía ninguna intención de encontrarla y me pareció que era el animal más egoísta con que me había topado jamás.

Long clavó los ojos en Wen, que seguía rodeada de ciervos de cuernos afilados.

—¿Cómo crees que debería ser un adulto? —me preguntó sin perder la paciencia—. Porque los hay de todos los colores. ¿Sabes qué es lo más importante de un adulto?

Yo procuré serenarme. No me pareció demasiado prudente enfrentarme con una bestia que era capaz de escupir fuego por la boca. Aunque esto último no se lo había visto hacer nunca.

—¿Qué?

—Que no tenga el corazón negro de envidia, de odio o de avaricia.

—Es lo que decías el otro día, ¿verdad? —dije más serena—. Si la gente se arregla cada día los cabellos… ¿por qué no se arregla el corazón?

—Exacto. Un corazón limpio y ordenado da gusto y todo el mundo se le quiere acercar. Hay tantos tipos de familias como granos de arena en la playa. La familia perfecta no existe, pero Wen se merece la mejor.

—¿Y tú como crees que debería ser una familia? La familia perfecta no existe pero por hache o por be te las has apañado para encontrar solo a las más impresentables —me encendí de nuevo.

—Psé... —dijo él—. Aún queda gente, pero esto no tiene nada que ver con lo que buscamos para Wen...

—Tiene que haber un término medio, ¿no te parece, Long?

—Lo sé muy bien, pero a mi juicio la familia de Wen sí que tendría que tener unos mínimos...

—¿...?

—Unos mínimos de conducta, de buenas formas, de respeto a los mayores y aún más hacia los ancianos. Y muy importante, respetar los espacios de cada uno, no apropiarse de lo que no es suyo. ¿Hay que arrancar una flor para distraerse? Disfrutar de la flor, sí. Marchitarla, jamás. Respetar es dejar vivir.

—¿Entonces?

—Entonces... Es hora de dormir —me interrumpió el dragón—. Mira cómo se me cierran los ojitos.

Y dicho esto se volvió del otro lado y empezó a roncar. Yo me quedé amargamente convencida de que Long no tenía ninguna intención de encontrar una familia para la pobre Wen y sentí un horrible retortijón de barriga. La pobre niña estaba condenada a quedarse en aquella montaña por el capricho de un dragón. Sin saber por qué, entonces pensé en lo que él decía con frecuencia: para quien no sabe dónde ir, todos los caminos son igual de buenos.

Flores de loto en la punta de las ramas
envían su rojo a través de las colinas
—la casa del valle vacía, no queda nadie—.
Por todas partes los lotos florecen y caen.

9

En el que Long lleva a Wen al precioso pueblecito de Fenghuang para darle una alegría después de tantas decepciones. Allí conocemos al calígrafo Zhang y Wen toma una decisión muy difícil de digerir para Long y para mí...

Y hete aquí que la discusión que tuve con Long dio sus frutos. Pocos días más tarde, y con tal de distraer a Wen, volamos a un pueblecito de los más bonitos de China: Fenghuang.

Habitualmente las salidas para encontrar una familia las habíamos empezado siempre al salir el sol, pero esta vez la visita tuvo lugar un atardecer brumoso del mes de Láyuè.

Un par de horas después de iniciar el vuelo, y mientras la noche caía plácidamente por los valles y las colinas, adivinamos los farolillos colgados de unas casitas alineadas junto un río que la luna pintaba de plata.

Fenghuang trepaba por los torrentes de las montañas que la rodeaban. El río la partía sinuosamente por la mitad, pero se podía cruzar por unos puentecitos de madera. Long hacía muchos años que no iba, pero según dijo no había cambiado demasiado.

Aterrizó encima de un tejado y en un periquete repitió lo que había hecho en Kaifeng, pero esta vez se transformó en un campesino con sombrero de paja en la cabeza incluido. En la cintura se anudó una faja de seda turquesa con bordados de oro. La verdad era que el adorno no era muy apropiado para un humilde agricultor, pero como estaba casi oscuro y él era muy presumido, no le dije nada. En cambio, a Wen le faltó tiempo para exclamar:

—¡Qué elegante, Long!

Él le guiñó un ojo, los dos saltaron del tejado y se internaron por las callejuelas de Fenghuang. Las casitas de madera estaban alineadas una junto a la otra. De los portales y de las ramas de los almendros colgaban linternas de color naranja y rojo como el fuego. Daba la impresión de que fueran hileras de luciérnagas. Era como si de repente hubiéramos caído en mitad de un cuento de hadas, príncipes y princesas.

El río que atravesaba Fenghuang hacía unas largas curvas y las estrellas se reflejaban tímidamente en sus aguas negras. Era tarde, pero todavía lo navegaban sampanes de velas rojas que levantaban caprichosas figuras de espuma. Nos acercamos todo lo que pudimos a uno de los tres graciosos puentes, y extrañamente, ambas orillas estaban llenas a rebosar.

Wen observaba curiosa a la muchedumbre acicalada. Jamás había visto a tanta gente en un mismo sitio, ni cuando habíamos presenciado el concurso de los músicos en Kaifeng.

De repente, resonó un gong y todo el mundo se movió hacia la orilla del río, como una serpiente enorme se despertara. Centenares de mujeres, hombres y niños encendieron los farolillos que sostenían en las manos. Enseguida sonó un segundo gong y los depositaron suavemente sobre las negras aguas. Miles de lucecitas empezaron a navegar parsimoniosamente atravesando los arcos de los puentes.

A Wen le faltaban ojos para disfrutar de aquel espectáculo. Mirara a donde mirara cientos de barquitas de luz se deslizaban perezosas hacia el infinito para ir a saludar a otros pueblos y otras gentes. Las aguas reflejaban sus dorados, naranjas y amarillos de una forma extraordinaria.

—¡Oooh! —dijo Wen maravillada.

Parecía que en el río hubiera crecido de repente un campo de girasoles o de tulipanes. En el mismo ins-

tante se elevaron centenares de globos por el cielo y se encendieron todas las linternas de Fenghuang.

Las calles se llenaron de risas y el firmamento de plegarias.

—Todas las linternas llevan escritas palabras amables para los que ya no están —señaló Long—. Bonito, ¿verdad?

—¡Es precioso, Long! ¿Qué es?

—Es el festival del Fénix.

—¡Me encanta! Quizás aquí...

Una gran explosión la interrumpió y el cielo se llenó de chispas de colores. Durante unos minutos la gente aplaudió embobada señalando hacia arriba. La noche se teñía de los colores de la seda y el pueblecito se llenaba del olor amargo de los fuegos artificiales y de los petardos.

—¡Qué espectáculo, qué maravilla! —exclamó Long para animar a Wen.

—¿Y a quién venimos a ver?

—¡Ah! No lo había previsto, pero ya que lo dices... Quizás si damos una vuelta.... Vayamos por allí, ¿te parece? —le dijo Long.

Nos alejamos de la muchedumbre y avanzamos hacia un callejón iluminado por tres o cuatro luces.

De una casita de madera que teníamos al lado salía una voz femenina que cantaba una dulce melodía:

Hung Sai es bella y dulce y gentil,
como melocotonero que florece en abril.

Mira sus labios tan rojos y tan vivos,
como cerezas rojas de verano.

Al llegar a la mitad del callejón, Long se paró ante una fachada donde colgaban unas telas con caligrafía y grandes letras chinas. Por la única ventana que tenía salía una luz dorada.

Long y Wen se asomaron y vieron que la casita se limitaba a una estancia pequeña y acogedora. En uno de sus extremos quemaba un buen fuego y encima se cocía la cena. Olía a arroz hervido, pescado y especias. En mitad del cuarto se encontraba un hombre sentado delante de una mesa rodeado de telas, papeles, botes de tinta y pinceles. En aquel momento entrecerraba los ojos y raspaba una piedra negra para obtener un polvito, que después mezcló con agua en una pequeña vasija. A continuación rumió cuál de los cuatro pinceles de pelo de cabra usaría.

Se decidió por uno de tamaño mediano y lo mojó en el cuenco de agua ennegrecida. Después cogió una hoja de papel de paja de arroz y empezó a dibujar líneas horizontales y verticales negras. Su muñeca giraba a derecha e izquierda apretando el pincel para dejar marcas más o menos gruesas.

Wen observó curiosa las largas banderolas caligrafiadas que colgaban de las vigas y se volvió hacia Long. No comprendía qué era todo aquello.

—¿Qué hace?

—Es un calígrafo, Wen. Dibuja letras con las que forma palabras que dicen cosas bonitas.

—¿Y así se gana la vida?

—Sí. ¿Ves cómo coge el pincel y lo moja en el hollín aguado? Ahora pintará con estilo de Kaisú, cuadrado y de trazo vigoroso.

La mano del hombre bailaba por encima del papel como un cisne por el lago. Estaba tan concentrado que una mosca le habría hecho arruinar la obra.

—Parece una casita —señaló Wen.

El calígrafo esperó unos instantes y cuando la tinta parecía seca, levantó el papel, lo acercó a la luz y sonrió satisfecho.

—¡Qué artistazo! —exclamó Wen.

—En China si te fijas pueden leerse frases colgadas de las vigas de las casas o en la seda de las túnicas. Estamos rodeados de leyendas viejas como las piedras.

—¿Y para qué lo hace?

—Se lo encargan para grandes solemnidades y celebraciones. Dicen que trae buena suerte...

—Mmm... Huele bien.

—¡Pues claro que huele bien! Con la tinta mezcla perfume de nardo. Es toda una ceremonia. No cualquiera sirve para esto.

—¡Ah! —exclamó Wen.

—Se llama Zhang. ¿Ves? Esto que dibuja es una estrella. Aquello un palacio y encima la luna llena...

—¡Qué preciosidad! —dijo Wen.

Cuando terminó, el hombre sonrió complacido y estampó su firma en un extremo del papel con un sello. Después se limpió los dedos en el delantal. Wen señaló hacia el sello rojo con el que todos los calígrafos firmaban sus obras.

—Mira qué dice: «Cogerte de las manos y envejecer a tu lado».

—Muy bonito, sí —sonrió Long.

—Parece buena persona, ¿verdad?

—Sí, son muy buena gente.

Entonces escuchamos unos pasos que bajaban del piso superior y por el hueco de la escalera asomó la cabeza de una mujer joven.

—Hora de cenar —anunció.

—Un momento, cariño —dijo el calígrafo—. Me queda una cosa por hacer.

La mujer levantó los ojos al techo, pero sabía que no tenía que molestarse. El calígrafo fue hasta la chimenea donde se cocía la cena. Levantó la tapa de la olla, llenó un cuenco de arroz y colocó encima un buen pedazo de carpa hervida con pimienta blanca y soja.

A Wen le subió una vaharada de calor del estómago hasta la garganta.

—No se parecen a nadie de los que hemos conocido estas últimas semanas, ¿verdad? —dijo ilusionada.

Long no le respondió. La agarró por los hombros y la escondió bajo las sombras del callejón, ya que el calígrafo Zhang había abierto la puerta de su casa. A continuación se dirigió hacia uno de los puentes donde ya no quedaba nadie. Allí se detuvo para hacer una reverencia ante el altar de los antepasados. Vertió en él un poco de incienso y esa orilla del río se llenó de aquella fragancia. Después atravesó el puentecito de madera y se internó por la callejuela que tenía enfrente.

Muy lejos, donde el río torcía hacia las montañas, todavía se vislumbraban algunos farolillos rezagados que se perdían hacia las estrellas.

—Sigámoslo, rápido —se apresuró a decir Long.

Wen no quería perderle de vista y se adelantó unos pasos.

—Cómo ha crecido el muy granuja —murmuró Long.

—¿Le conoces? —le pregunté, batiendo las alas con fuerza para no perderlos.

—¿Quién te crees que le dejó en este lugar hace muchas lunas?

—¿Tú?

—Yo.

Long era una caja de sorpresas y mi cabeza empezó a darme muchas vueltas. Sin embargo, las preguntas se me quedaron congeladas en la boca porque entonces llegamos a la esquina donde nos aguardaba Wen.

El calígrafo estaba delante de una casita medio en ruinas. Del marco de su puertecita colgaba una pequeña linterna que proyectaba un haz de luz dorada sobre el empedrado. Zhang llamó y una viejecita arrugada como una pasa le abrió. Él le ofreció el cuenco de arroz del que se elevaban unas delicadas volutas azuladas.

La mujer tenía los ojos cubiertos por una telilla blanca y Wen se percató de que titubeaba al cogerlo porque era ciega.

—No sé cómo os lo podré pagar... —dijo la anciana.

—No se preocupe. Ya lo arreglaremos.

—Que los dioses te bendigan Zhang, y a Xi también. Seguro que lo ha guisado ella.

El calígrafo asintió sonriendo y le entregó los palillos de madera para que pudiera disfrutar de la cena. Le deseó buenas noches y se despidió con una respetuosa reverencia.

Tras ver aquello, Long suspiró. Poco rato más tarde Zhang regresó a su casa, saludó a su mujer y se sentaron a la mesa.

—No la ha cerrado —se dio cuenta Wen.

—Quizás esperan a alguien... —le sonrió Long misteriosamente.

Nosotros nos quedamos observando al maestro Zhang y a su mujer Xi, que empezaban a cenar. A Wen le faltaban ojos para mirarlos. Por fin había encontrado a dos buenas personas.

—¿Alguna vez has visto un almendro nevado en un día claro de invierno? —me preguntó Long.

—Me parece que no —le respondí.

—No hay en el mundo un espectáculo más extraordinario. Pues el alma de este hombre es como un almendro nevado.

Entonces se giró hacia Wen, que seguía mirando por la ventana,y le dijo con el corazón encogido:

—Aquí estarás bien...

—¿Quieres decir que… aquí sí?

Yo sentí que algo estallaba dentro de mí porque después de ver todo lo que el calígrafo había hecho desde que le observábamos, Long había dado su brazo a torcer. Aunque para él sería más doloroso que si le arrancaran uno de sus preciosos colmillos.

Long asintió. Hacía muchas lunas que Wen suspiraba por vivir aquel momento y finalmente el día había llegado. Una fuerza misteriosa y primitiva la empujaba hacia la puerta, y más al ver cómo se sonreían el calígrafo y su esposa. Encima de ellos, las delicadas volutas de humo del arroz lamían las telas caligrafiadas que llenaban la habitación. Wen se había decidido a dar el paso, pero sabía que tenía que pedirle permiso a Long. Había encontrado su lugar en este mundo y el dragón, al fin, estaba de acuerdo. Yo sabía que aquello era como si le arrancasen uno de sus preciosos colmillos. Long se transformó al instante en un majestuoso dragón, porque quería que la niña lo recordase tal y como era. Después la miró a los ojos fijamente, con todo el amor que tenía dentro y Wen le acarició las escamas.

—¿Y ya me querrán? —titubeó ella.

—Eso déjalo en mis manos —sonrió el dragón—. No sufras.

—Entonces... ¿Ahora tengo que marcharme, Long?

—Sí... —suspiró él—. Te prometí que un día encontraríamos una familia…

Yo sabía que los dragones son muy mágicos porque le había visto hacer cosas sorprendentes, pero entonces, antes de que Wen marchara, hizo dos cosas que me asombraron.

La primera fue que se cubrió la boca con las garras y sopló. Al abrirlas apareció un colgante de oro precioso. En medio tenía una piedra de jaspe verde y brillante con ribetes blancos como las ramas de un cerezo en flor. En el centro tenía grabadas unas letras que parecían una casa y encima un jinete que galopaba sobre un caballo.

—¿Es para mí? —le preguntó Wen.

—Todo para ti.

Wen se lo colgó del cuello y luego se dirigió hacia la puerta del calígrafo con pasos vacilantes. El cielo seguía iluminado por algunos farolillos que se perdían hacia las estrellas. Todo Fenghuang tenía los colores del fuego de las escamas de Long. Mientras se alejaba, y siendo consciente de que aquellos pasos iban a costarle mucho a Wen, Long hizo la segunda cosa que todavía me sorprendió más. Esta vez sopló hacia ella y un polvo dorado cubrió la espalda de Wen.

—¿Qué le has echado? —le pregunté.

—Es mi último regalo. Los dragones lo llamamos «polvo del olvido».

—¿Eso significa que se olvidará completamente de ti? —le pregunté incrédula.

Él asintió con la cabeza.

—Es bueno que sea así. No quiero que sienta melancolía. De hecho, ya me ha olvidado completamente. ¡Puf! Como si nunca hubiera existido —dijo, satisfecho—. Así podrá empezar una nueva vida. Pero no sufras, no olvidará lo que ha aprendido, o no del todo.

Entonces Wen llegó frente a la puerta abierta de la casita y se detuvo temblorosa. Su figura se recortaba a contraluz. Se giró y observó a Long una última vez. No hacía falta que dijera nada, pues sus ojos lo expresaban todo.

—Te quiero, Long... Gracias.

Yo me reí nerviosa y murmuré:

—Me parece que los polvos del olvido no han funcionado —dije.

Él se encogió de hombros y sonrió con inocencia.

—A veces tardan un poco...

Wen nos sonrió una última vez y me dio la sensación de que salía el sol y de que era un luminoso día de verano. Después cerró la puerta tras ella y yo escuché la mejor alabanza que nunca he oído de nadie:

—Aunque robara mil estrellas del cielo y las encerrara en el lago de la montaña, ninguna brillaría como ella.

—No te has despedido, Long...

—No... La boca no debe decir lo que los oídos no quieren escuchar —murmuró.

Los dos nos quedamos con los ojos clavados en la puerta de madera del calígrafo. Las banderolas de seda roja llenas de preciosas frases escritas en trazos negros volaban alegres. Long sopló hacia una que decía «Flor bonita, luna llena». Al instante sus letras se despertaron y cambiaron lentamente de posición. Algunos trazos largos se acortaron y otros se alargaron. Los que estaban en vertical se pusieron en horizontal y aparecieron tres o cuatro letras nuevas.

A la mañana siguiente toda Fenghuang leería una nueva sentencia que decía:

我
希
望
你
快
樂[4]

[4] Deseo que encuentres la felicidad.

Nuestra despedida en estas colinas ha terminado.
El sol se esconde y yo cierro la puerta.
La primavera será verde de nuevo el próximo año.
¿Regresará también mi buen amigo?

10

Donde cuento el final de esta historia, hago un último descubrimiento que me deja boquiabierta y cómo Long y yo nos encontramos como al principio, junto a un riachuelo...

Era noche cerrada y no flotaba ninguna luz en el río ni por el cielo. Algunas casas estaban iluminadas por linternas y farolillos y por todas sus ventanas salían risas y gritos alegres.

Sin embargo, Long caminaba lentamente y yo volaba a su lado. Tenía los ojos entrecerrados y fijos en los árboles bañados por la luz blanca de la luna. Wen había desaparecido de su vida y según me había dicho, si un día le veía por la calle, no le reconocería y se asustaría.

Dejamos atrás las callejuelas de Fenghuang y llegamos a una de anchas curvas del río. Long se detuvo cerca de un bosque de arces.

—¿Tú crees que algún día soñará conmigo? —me preguntó, dirigiendo su mirada hacia las estrellas que teníamos sobre nuestras cabezas.

Su vozarrón titubeaba como si fuera a romperse de un momento a otro.

—Seguro que sí —le respondí para animarlo—. Es difícil olvidar a un dragón tan barrigudo.

—¿Barrigudo? —replicó ofendido.

—Grande y fuerte... —me corregí.

—Mucho mejor. Espero que me recuerde cuando vea los campos de arroz que chispean bajo el sol. O cuando cada primavera contemple cómo florecen los almendros y las cigüeñas de picos afilados vuelan hacia sus nidos.

—Seguro que sí, Long. Vivir es morir cada día un poco —le dije para consolarla—. ¿Te duele?

—Ni te lo imaginas. Mucho. Sobre todo aquí —se señaló al pecho con una garra.

—¿No sabías que un día tendrías que dejarla ir?

—¡Claro que lo sabía! Desde el día que la recogí del barro, señora escritora...

—¿Y por qué no me lo dijiste? Yo pensaba que...

—¿Y estropear la sorpresa final a tus lectores? ¡Ni hablar! Aunque duele tanto que no puedes ni imaginártelo. No es solo lo que yo le he dado o lo que ha aprendido conmigo, sino todo lo que ella me ha dado, que no es poco...

—¿Y qué es?

Él sonrió y me observó de arriba abajo como si pudiera verme por primera vez.

—Un motivo para vivir, señora escritora...

Entonces lo comprendí todo de golpe.

—O sea que de alguna forma le has hecho de madre, de padre y de maestro...

—Lo vas entendiendo... Pero has tardado lo tuyo, ¿eh? ¿Sabes cuál es el problema? Que un dragón vive para siempre y por esto ya he pasado un montón de veces. ¿No recuerdas lo que os expliqué del destino de los dragones?

—Sí...

—Os dije que el día que le traicionamos, el emperador se enfureció muchísimo. ¿Recuerdas que su guardia nos encerró en una mazmorra del palacio? Por orden del emperador el dios de las montañas sepultó a mis hermanos bajo cuatro montañas y...

—... y como que no había una quinta —recordé—, te ordenó que regresaras a la tierra para cuidar de aquellos a quienes habíais intentado salvar.

—Exacto. Y tú pensabas que quería retenerla a mi lado como si fuera un capricho, pero no era eso…

—Yo pensaba que no querías desprenderte de ella.

Long negó con la cabeza y continuó:

—Wen tenía que conocer qué hay de bueno y de malo en el mundo y decidir por ella misma. Yo solo se lo he mostrado. En el momento que se ha formado un criterio, la he dejado marchar.

—¿Crees que necesitaba ver toda la mezquindad del mundo?

—¡Pues claro!

—¿Por qué?

—Para que después le fuera fácil separar el grano de la paja y reconocer dónde se encuentran la verdad y la bondad. ¿Piensas que no veía su sufrimiento al regresar a la montaña con las manos vacías? Yo también lo pasaba mal, pero educar y querer consiste en eso. No era suficiente que conociera las letras, los números o las canciones. No era suficiente que supiera los nombres de las montañas o si las nubes son negras y de tormenta o blancas e inofensivas. Tampoco íbamos a ningún lado con que supiera reconocer los ladridos de los perros, el balar de las ovejas o el bramido de los bueyes. ¿Lo entiendes ahora?

—Empiezo a comprender, pero me parece un pelín duro, la verdad...

—¿Y qué manera de preparar para la vida no lo es?

—¿Y qué ha aprendido?

—Pues que las cosas buenas cuestan mucho esfuerzo. ¿Recuerdas que un día le dije que antes de ser un dragón hay que sufrir como una hormiga y que quien mueve la montaña entera es el que ha empezado moviendo pequeñas piedras? Educar, a mi modo de ver, no consiste en adaptar el camino para el niño, sino prepararle para lo que encontrará en el futuro. El camino puede ser fácil, que haga bajada, pero también puede ser empinado y difícil. Si se lo hubiera dado todo a la primera hubiera hecho de ella una persona débil y caprichosa.

En aquel momento miré avergonzada al suelo porque durante años había intentado dar demasiadas lecciones a un sabio.

Mientras nos adentrábamos en el bosque de arces que crecía junto al río, todavía quería hacerle una última pregunta:

—¿Qué hay grabado en la piedra del colgante que le has regalado hace un rato?

—¿Tampoco lo has adivinado, señora escritora? Pues dice «Siempre te recordaré». Le dará buena suerte, que es muy importante en esta vida.

—¿Y ahora qué?

—Ahora me echaré allí y pasaré este mal trago como buenamente pueda. Desde hoy cada día durará tres otoños...

—¿Qué quieres decir?

—Que su ausencia será muy larga y costosa... Como siempre...

—Entonces ya he entendido por qué llorabas el primer día que te encontré junto a del riachuelo de Yan. Llorabas porque acababas de dejar a otro niño...

—Tú es que eres muy lista... —refunfuñó Long—. Pero tienes razón. Hace miles de años que lo sufro y aún no me he acostumbrado. ¿Pero sabes qué? Algún día Wen también se marchará de casa de Zhang. Supongo que él se alegrará y se entristecerá a la vez. Le dolerá, pero lo celebrará porque es ley de vida. Hay que dejar que los niños crezcan y escojan su camino. Lo peor de todo es cuando llega ese momento y te quedas mirando cómo se empequeñecen por el horizonte. Les pasa a muchos padres y a muchos maestros…

—Oye... ¿Este Zhang no tienen defectos?

—Seguro que sí, pero no son fáciles de ver. Lo importante es disimularlos… o corregirlos.

—¿Tú también tienes, Long? —le pregunté.

—Pues claro. Es importante conocerse y pisar con los pies en el suelo.

—¿Y cuáles son?

—¡A ti te lo diré, que lo pondrás por escrito! —me sonrió con pillería—. Mejor que en tu relato me pintes como un animalito bueno y guapo. Especialmente guapo, ¿entiendes?

Long ya no dijo nada más. Se alejó unos pasos y se echó junto sobre la hierba, a unos altos bambús que subían derechos hacia el cielo.

Nos encontrábamos otra vez junto a un río, un lugar muy similar al que nos habíamos conocido. Aquella sí que era una noche preciosa del mes de Láyuè. La luna sonreía en mitad de un cielo de seda negra, salpicado de estrellas de plata. A lo lejos los campos de arroz brillaban como diamantes esperando la cosecha.

Long se lamía las escamas y sollozaba mientras por sus mejillas corrían unos grandes lagrimones. De repente un ruido nos alertó. Aplicamos el oído y no tuvimos ninguna duda: alguien más gemía junto al río de Fenghuang.

Long abrió los ojos de golpe y se desperezó. Clavó las garras en los charcos de agua que le rodeaban y

avanzó por la orilla hasta que se detuvo junto a unos bambús que subían derechos hacia el cielo.

Le seguí por el pequeño sendero que se alejaba de Fenghuang y al llegar a su lado se me heló el corazón.

No me lo podía creer.

Long tenía otro hatillo bajo sus patas y de su interior salían unas manitas blancas como el azúcar que se agitaban nerviosas.

—¡Otra vez! —exclamó él como si estuviera enojado—. ¡Los dioses no tienen piedad de mí!

Luego hizo de tripas corazón y abrió delicadamente los harapos que envolvían el bulto. Esta vez era un niño y tenía mucha hambre, porque bramaba con ganas. Las escamas de Long brillaron de una forma extraordinaria y entendí que todo empezaba de nuevo.

—No, por Wen no te preocupes —se dijo—. Seguro que vendremos a verla, pero ahora tengo otra cosa entre manos, ¿verdad que sí? Ahora... ahora... tengo que encontrarte un nombre adecuado. Un nombre fuerte y valiente.

Después me miró como si se diera cuenta por primera vez que era una mariposa.

—¿Sabes qué? —me dijo con los ojos brillantes—. Hoy tienes las alas de un color rojo intenso.

—Sí —suspiré—, cuando me emociono, me cambian de color. No puedo hacer nada.

Me sonrió, miró a ambos lados y como en Fenghuang todo el mundo dormía, agarró el hatillo tiernamente con sus garras, extendió sus largas alas y las batió poderosamente salpicándolo todo de agua y barro. Luego pegó un salto y se elevó hacia el cielo ennegrecido.

Esta vez no le seguí. Ya había acabado de escribir la historia del maestro Long y de Wen, del amor con la que la había tratado y todas las cosas bonitas que le había enseñado. Estaba totalmente convencida de que, aunque los niños se hicieran grandes y se olvidasen de él, como se olvidan de sus maestros, de alguna manera misteriosa y mágica Long seguiría vivo en todos y cada uno de ellos.

Levanté una patita para despedirme encaramada en una flor lila que colgaba de un arce. Él bramó con la fuerza de un trueno y atravesó las nubes deshilachadas como una flecha de fuego.

Se le veía muy contento.

Iba a estar muy ocupado.

¿Me preguntas por qué vivo
en estas colinas verde jade?
Yo sonrío.
No tengo palabras para expresar
la paz de mi corazón.

Wen y Long

Agradecimientos

Madre, mientras se preparaba la edición de este libro nos dejaste. Tú eras un poco como Long: muy clara, muy fuerte, un poco mágica y con un corazón inmenso. Sirvan estas rayas para agradecerte todo lo que nos has dado y enseñado. También para rendir un pequeño homenaje a tantas madres y maestros anónimos que educan a los niños en la verdad, la bondad y la belleza para hacer del mundo un lugar mejor. Gracias por todo, madre.

Lluís Prats

Luis Prats (Terrassa 1966) estudió Historia del Arte y Arqueología en la UAB y en la UdG, y durante unos años se dedicó a la investigación y a la docencia. Ha trabajado como maestro de primaria y secundaria, como editor de libros de arte y como productor de cine en Los Angeles (California). Ha escrito ensayo (*Cine para educar*, Ed. Belacqua), libros de arte, novela histórica (*Aretes de Esparta*, Ed. Pamies), y más de una docena de novelas infantiles y juveniles traducidas a varios idiomas (*Concurs enverinat*, Ed. Baula; *La petita coral de la senyoreta Collignon*, Shackleton. *Expedició a l'Antàrtida*, Ed. Bambú). En la Galera ha publicado *Hachiko, el perro que esperaba.*

Cristina Bueno

Cristina Bueno se especializó en cómic e ilustración en la Escuela Joso. Siempre ha mostrado gran interés en retratar la sociedad que la rodea, lo que se ve reflejado en sus obras (*Sostres*, Astiberri Ediciones; *Las abuelas dan el golpe*, Planeta Cómic; *Aquí vivió. Historia de un desahucio*, Nube de Tinta). También trabajó en la obra *Quan tanco els ulls*, un cómic documental que forma parte de un proyecto educativo de la Cruz Roja para visibilizar la vida de las refugiadas de la guerra de Siria.

Entre sus títulos infantiles y juveniles se encuentran *Dracs, fades i gegants* (La Galera), *Un hijo* —edición 25º aniversario— y *Un far a la fi del món* (Elastic Books), *Els beneficis de la lectura en veu alta* (Enciclopèdia), *De les tristors en farem fum* (Astronave), *Pintas mucho* (Stendhalbooks) y *L'illa* (Estrella Polar). Colabora con el semanario *La República* y las revistas infantiles *Cavall Fort*, *Tatano* o *Cocoter*.